たぶん彼女は豆を挽く

庄野雄治

mille books

はじめに　コーヒーとファンファーレ

コーヒーは好きですか
朝起きてボーっとしている時
美味しい食事の後
楽しい友人との会話の合間に
眠る前、柔らかな音楽を聴きながら
一日に何杯コーヒーを飲みますか
町の小さな喫茶店で飲むコーヒー
仕事の合間の良く冷えた缶コーヒー
おばあちゃんが淹れてくれるミルクと砂糖たっぷりのインスタントコーヒー
全て愛すべき時間です
幸せな時間とコーヒーは良く似ています
食卓が幸せなカフェになるように

アアルトコーヒーは新鮮で優しいコーヒーをお届けします
あなたはコーヒーが好きですか
私はコーヒーが大好きです

これは実店舗を持つ前に作ったホームページに掲載した序文だ。私のコーヒーに対する想いが全て込められている。開業前の情熱だけが先走った拙い言葉なので、いつ読み返してみても恥ずかしい。恥ずかしいのだけれど、それが嫌なのかと言うとそうでもない。コーヒーの奥深さを知り、自身の知識や経験のなさを痛感した今でも変わることのないこの想い。それを伝えたい、そしてコーヒーは簡単で美味しいものだということを知って貰いたい。それがこの本を書くきっかけとなった。

「コーヒーのことが良く分からないのです」コーヒーロースターを生業としてから、お客さんから良く言われるようになった言葉。確かにこんなに広く普及しているにもかかわらず、良く知られていない食品も珍しい。考えてみれば私自身、かつてはコーヒーといえばインスタントコーヒーか缶コーヒーで飲むもの程度の認識でしかなかった。大学時代にたまたまコーヒーメーカーを手に入れたことをきっかけに、スーパーマーケットでコーヒー豆を購入し生まれて初めて自分でコーヒーを淹れて飲んだのだ。大手コーヒーメーカーのブレンドで挽いた豆だったけれど、封を切り開けた瞬間の鼻腔をくすぐる香りは、今でも忘れることが出来ない。それくらい強烈で新鮮な体験だった。その瞬間、コーヒーの香りに魅了されてしまったのだ。

小さな机の上でコポコポと音を立て蒸気を出しながら落ちていく、琥珀色のコーヒーをずっと眺めていた。寒い冬の静かな夜に響くコーヒーが落ちる音と、今まで体験したことのなかった香ばしい香り。ここから私のコーヒー生活が始まった。

それから色々なコーヒー店に足繁く通うようになり、コーヒーというものに少しずつ触れ始めることとなった。本を読んだりセミナーに行ったり、馴染みになったコーヒー店のマスターにあれこれ教えを請いながら、コーヒーの知識を付けていった。とは言え、やはりコーヒーは奥が深くて難しい。しかし難しいというのは大切なことを知らないからで、ちょっとした基本やコツさえ押さえれば、美味しいコーヒーが簡単に家庭で楽しめることが分かった。コーヒー豆の種類や焙煎度合いの違いは分かるのだけれど、それ以上となると案外知らないことが多いのかもしれない。そこからもう少しだけ踏み込んでみると、コーヒーは驚くほど美味しくなる。

これから書く内容は、徳島という小さな地方都市で一人コーヒー屋を営みながら、試行錯誤して得たことが基本になっている。コーヒー好きが高じて会社員を辞めコーヒーロースターになったコーヒー愛好家が、かつて疑問に思っていたコーヒーに関するあれこれを、一つずつ思い出しながらまとめたもので、決してコーヒーの専門家からの教えではない。コーヒーのことが何も分からなかった頃の自分に向かって「コーヒーなんてこんなに適当で良いんだよ」と伝えるために書いているのかも知れない。だから気軽に、そうコーヒーでも飲みながら読んで頂けたら良いなと思う。そして日々の食卓が、専門店にも負けないくらい美味しいコーヒーの香味で包まれたら、何よりも嬉しい。

それと何かを始めたい、何かをしたいと思っている人たちの背中を少しだけ押して、勇気を与えられたら良いなとも思っている。始めたり変えたりするのは、とても勇気が必要だ。しかし始めなければどうにもならない。小さな町でも技術が未熟でも、想いがあれば誰かに届くものだ。何かをしたくて、でも何も出来なかった自分に、そしてそんなあなたに、少しの勇気とちょっとしたヒントと、美味しいコーヒーを届けたい。

「コーヒーが好きですか」そう自分に問いかけてみる。答えは簡単。今でも、いや今の方がずっと、「私はコーヒーが大好きです」。

はじめに　コーヒーとファンファーレ　2

A-side　ささやかだけれど、役に立つコーヒーのこと

コーヒー豆は実は豆ではないのです　10
美味しいコーヒーを淹れる小さなコツ　12
コーヒー豆は是非豆で　14
無限に広がるコーヒーの香味　16
焙煎度合いで香味は変わります　18
淹れ方だって色々あります　20
ものぐさものはペーパードリップ　25
愛着の湧く道具を見付けよう　26
豆の挽き具合と湯の温度　36
水道水でも大丈夫　38
美味しいコーヒーの淹れ方教室　対談・堀井和子×庄野雄治　40

優しいカフェオレの作り方　58
すっきり水出しアイスコーヒーの作り方　60
しっかりアイスコーヒーの作り方　62
豆を美味しく保つための方法　64
コーヒーは懐の広い飲み物なのだ　66

B-side　アアルトコーヒーの日々

アアルトコーヒーが出来るまで　70
店を持つということ　76
ロースターとして目指す場所　78
一人でお店をやるということ　対談・長谷川ちえ×庄野雄治　82
アアルトは魔法の言葉　96
徳島のアアルトコーヒー　100
ロースターはロマンティックな仕事　103

時計と時間　106
笑顔が溢れるコーヒー教室　110
豆腐屋みたいなコーヒー豆屋　113
四季を愛でる焙煎人　116
ポップコーンひとかけら　120
ショーノユージ　122

Bonus track　だから今日もコーヒーを煎る　127

解説　最上級の、普通のコーヒー　岩間洋介（moi）　181

A-side

ささやかだけれど、役に立つコーヒーのこと

コーヒー豆は実は豆ではないのです

コーヒー豆は黒いもの、そう思っている人は案外多いと思う。コーヒー豆は粉になって売られていることが多いので、興味がなければ丸い豆の形をしていることを知らない人だっているはずだ。現に私も大学生の時にアルバイトをした喫茶店で、初めて緑色をした生の状態のコーヒー豆を見たのだから。

厳密に言うとコーヒー豆は豆ではない。コーヒー豆と言われているものは、コーヒーの木の実の中に出来る種子。赤く（または黄色く）色付いた実を摘んで乾燥させた時に残る、ピスタチオのような緑色をした楕円形の小粒な種子が、コーヒーの生豆と言われているものである。そのままでは匂いもしないし、硬くて食べられるものでもない。焙煎して初めて香りを放ち、味わいが生まれる。

この世に存在する食物の中で、もっとも不思議なものの一つだと思うことが良くある。摘んで、乾燥させて、焙煎して、砕いて、漉す。こんな工程を必要とする食物は、他には中々見当たらない。見付けて、考えて、それを発展させていった先人たちには感謝の言葉しかない。

赤道を挟んだ南北回帰線内の熱帯、亜熱帯地域の高温多雨の地域でしか栽培が出来ないこともあり、日本では殆ど収穫されない。国産のものが大好きな日本人なのに、ほぼ全てを輸入に頼るコーヒーがこんなにも普及し、好まれていることがとても不思議だ。コーヒーはそれだけチャーミングな存在なのだろう。たまにだけれど「もし鎖国になったら、コーヒーロースターは真っ先に店仕舞いしないといけないんだなあ」なんて考えたりすることがある。

コーヒー豆は魅力的な女性のようなものだ。色々な表情や個性があり、ロースターを翻弄し苦悩に導くのだけれど、気まぐれに歓喜の瞬間を与えてくれる。それはほんの僅かな時間なのだが。だから来る日も来る日も向き合うことが出来るのかもしれない。私はこれからもずっと、彼女たちに振り回され続けることだろう。

美味しいコーヒーを淹れる小さなコツ

丁寧に淹れるというのは、ゆっくり時間をかけて淹れることとはちょっと違う。コーヒー豆を計量して、淹れる直前にミルで豆を挽く。予めカップを温めておいてからドリップを始める。ペーパーフィルターなら紙に直接お湯をかけないように、中央で小さく小さく円を描くように注ぐ。一つ一つは些細なことなのだけれど、その小さなことの積み重ねで香味は大きく変わる。淹れ方はネルでもサイフォンでもコーヒーメーカーでも構わない。丁寧に淹れるというのは、ほんの少しの手間を惜しまないことなのだ。

忙しい毎日だからこそ、美味しいコーヒーを飲んで貰いたい。それは大変なことでもないし、修練がいるようなものでもない。いざ自分でコーヒーを淹れてみようと思っても「何だか敷居が高そうだし、豆は何を買えば良いのか分からないし、道具を揃えるのも大変そう」と二の足を踏んでいる方は多いと思うが、小さなコツさえ分かれば手軽に出来るものだ。

誰でも簡単に、美味しいコーヒーが淹れられる小さなコツをお伝えしたいと思う。あくまで試行錯誤を続けてきた中で身に付けたものだから「ここはちょっと違うかな」と思ったら自分の感覚を大切にして、自分なりのコツを見付けて欲しい。小さなコツさえ身に付けてしまえば毎日、いや朝昼晩でも大丈夫。何も臆することはないし、面倒くさがることもない。さあコーヒーを淹れてみよう。

コーヒー豆は是非豆で

豆という割には、スーパーマーケットなどで見かけるコーヒー豆は粉になっているものが多い。たぶん九割以上が粉になった状態で販売されている。これは粉が良いということではなく、豆を挽くための道具を持っていない方や、豆を挽くのが面倒だという方が多いからだと思う。しかし本当は、豆のままのものを買うのが望ましい。

焙煎直後の豆は沢山の二酸化炭素を排出しているが、二酸化炭素と共に豆の香りも排出されてしまう。コーヒー豆を密封容器に入れて保存するのは、空気中にある水分に触れさせないためと、香りが逃げるのを抑えるためである。粉にするということは空気に触れる面積を増やし、酸化を加速させることになる。それにより劣化の速度は格段に速くなるのだ。そして何よりも大切な香りが逃げてしまう。コーヒーは香りと言われているように、味と同じくらい香りは何物にも代え難い宝物だ。だから豆か粉かと悩んだ時には、迷わず豆を購入して欲しい。

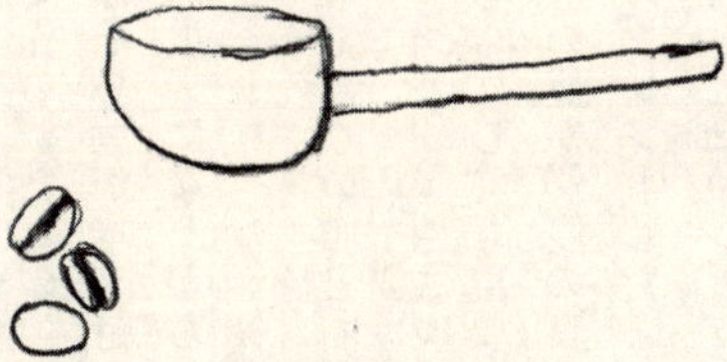

無限に広がるコーヒーの香味

コーヒー豆には大きく分けると、ストレートとブレンドの二種類がある。ストレートとは一種類の豆を焙煎して作られたもの、ブレンドとは数種類の豆を混ぜ合わせて作られたものだ。ストレートはその豆が本来持っている強い個性を味わうのに最適だ。片やブレンドは一種類の豆では単調になりがちな部分を補い合い、バランスの取れた豆を作ることが出来る。

どちらが良いというものではない。どちらも美味しいものもあれば、そうでないものもある。ストレートではコーヒーの生豆の良し悪しが重要になり、ブレンドでは作る人の感性が重要になる。どちらにしても重要なのは、良い生豆を適切に焙煎してあるかどうかということ。そしてその豆が鮮度の良い状態で販売されているかがとても大切だ。鮮度の良くない豆をいくらブレンドしたところで、美味しくするのは至難の業である。

ストレートの豆はブラジル、コロンビア、グアテマラなどのように、基本的に原産国名で販売されている。中には、モカ（エチオピア、イエメン産）、キリマンジャロ（タンザニア産）などのように通称名で呼ばれている豆もある。当然、産地ごとに違った香味を持っている。高地で採れる豆は比較的酸味を含んだものが多く、逆に低い場所で採れる豆は酸味が少ない。

原産国ごとの大きな特徴はあると言っても、日本で作られた全ての米を日本と呼ぶようなもので、同じ国の中でも地域や豆の品種、栽培方法で香味は全く異なる。それが各国別にあるのだから、目も眩むほどのコーヒーが世界には存在することになる。そして豆の焙煎方法によって香味が大きく変わる上、焙煎度合いでこれまた同じ豆かと思うほどの違いが現れる。

それらの豆を焙煎店ごと独自にブレンドしているのだから、コーヒーは無限に存在し、一つとして全く同じ香味のコーヒーはない。そんな無数の中から自分好みのコーヒーに出会うことが出来たなら、それは運命の出会いと言っても過言ではないだろう。

初めてのコーヒー豆屋では、まずその店のメインブレンドを選ぶことをお勧めしたい。そこにはきっと店主の想いが一番込められているから。ちなみに私のメインブレンドであるアアルトブレンドはブラジル、コロンビア、グアテマラ、タンザニアを焙煎後に混ぜ合わせた中深煎り。毎日何杯でも飲めるように、軽い口当たりに仕上げている。スッキリした後味がチャームポイントだ。

焙煎度合いで香味は変わります

豆が本来持っている特長ともう一つ、コーヒーの香味を決める大きな要素が焙煎度合いだ。同じ豆でも焙煎度合いによって、全く違う香味に仕上がる。

焙煎度合いには大きく分けて、浅煎り、中煎り、深煎りの三段階がある。

浅煎りには豆が持っている酸味がかなり残っている。軽めのあっさりした風味が好きな人に向いているが、浅煎りで美味しいと感じられる豆は少なく、焙煎人の力量が問われる焙煎度合いだ。

中煎りは程良い酸味と苦味、そしてコクと香りもあり、平均的な香味で飲み易い。

深煎りは油が浮き上がり深い黒色をしているが、その見た目通り苦味が強い。しかしグアテマラやケニアのような強い酸味のある豆は、深煎りにすると酸味は少なくなり、程良い甘味に変わる。また豆の香味が均一化されるため、産地ごとの特徴も分かりにくくなる。そして深煎りはミルクと相性が良く、カフェオレには最適だ。

最初は平均的な香味が楽しめる、中煎りのコーヒーから飲み始めることをお勧めしたい。豆ごとの香味の違いが分かり易い焙煎度合いなので、色々な種類の豆を飲み比べてみて、それぞれの特徴を味わって欲しい。また、コーヒーを飲んでいると次第に舌は強い刺激を求めるようになり、自然と深煎りのコーヒーを好むようになっていく。だから最初から深煎りのコーヒーを飲むのは、ちょっと勿体ないような気がする。

豆が持つ個性と焙煎度合いが上手く噛み合うと、予想を遥かに超えた素晴らしい香味の豆が出来上がる。色々試してみて、自分好みの豆と焙煎度合いを見付けて欲しい。

淹れ方だって色々あります

こんなに沢山の淹れ方がある飲みものも珍しいと思う。それはコーヒーに魅せられた先人たちが、より美味しいコーヒーを淹れるべく試行錯誤を重ねてきた結果だ。コーヒーへの愛好心から生み出された数多くの淹れ方から、代表的なものをいくつか紹介したい。

ハンドドリップ

ドリッパーと呼ばれる円錐形や台形の器具の上に紙製のフィルターペーパーをセットしてコーヒーを抽出するペーパードリップと、柔らかい起毛の布のネル（ネルシャツで使われる布）のフィルターで抽出するネルドリップが代表的である。

ペーパードリップは後処理が簡単で、手軽に淹れることが出来る。またペーパーは目の密度が高くコーヒーの脂分をカットするため、サッパリとしたコーヒーを淹れるのに適している。その反面、抽出速度が速くないので、沢山の量のコーヒーを淹れることが難しい。

一方、ネルドリップは目の粗いネルを使うため抽出速度が速く、大量に淹れる場合に適している。そして脂分も落ちるため、濃厚な香味のコーヒーを淹れることが出来る。少し面倒なのは、使用後に水洗いをして乾かないように管理しなければならないこと。乾燥させると布の目の間に付着したコーヒーの粉が固まり、使い物にならなくなってしまうのだ。

ハンドドリップは抽出する濃度や速さを調整し易いが、人の手による抽出方法なので香味を安定させるのが難しい。しかし、淹れる人によって香味に個性が出るのでとても面白い。

コーヒーメーカー

コーヒーを淹れる機械による抽出方法。ハンドドリップと違い、抽出速度を調節することが出来ないが、好みの濃さのポイントを見付けることが出来れば安定した香味のコーヒーが淹れられる。機種によっては湯の温度が十分に高くならないものもあるので、購入前にしっかりとその機能を確認しよう。

サイフォン

その姿からコーヒーを淹れていることを最も実感出来る器具、サイフォンを使用する抽出方法。上部ロートにコーヒーの粉を入れ、水を入れた下部フラスコをアルコールランプの炎で温める。上がった気圧により上昇するお湯とコーヒーの粉が混じったところを掻き混ぜ、火を止める。するとフラスコ内の気圧が下がり、ロート部分のコーヒーが落ちてくる。粉と湯の量をきちんと量れば安定したコーヒーを淹れることが出来るが、高温で抽出されるため苦味の強いコーヒーになり易い。

フレンチプレス

円筒の容器に粉を入れ適量のお湯を注ぎ、時間が来たら金属フィルターを押し下げ、粉と湯を分離させる。粉の量と時間を量れば比較的簡単に安定して淹れることが出来る。湯を入れてから三〜四分ほど待つため、少しぬるめのコーヒーになる。また濾過をしないため脂分と粉っぽさを感じ易い。

エスプレッソ

専用のエスプレッソマシンを使い、高温高圧で短時間に濃いコーヒーを淹れる。専門店で使われる機械はかなり高価なものだが、比較的求め易い家庭用の機械もある。しかし家庭用の機械はまだ圧力が弱いため、カフェやバールなどで提供されるエスプレッソと同じ香味を出すのは難しい。

それぞれに特徴があり、どれが優れているというものではない。自分好みの香味が楽しめ、かつ自分の生活に合った方法を選ぶことが大切だ。時間のない朝は身支度をする間にコーヒーメーカーで淹れると楽だし、ゆったりした夜には丁寧にハンドドリップで淹れると一日の終わりが気分良く過ごせる。沢山の淹れ方があるからコーヒーは楽しいのだ。

ペーパーハンドドリップは簡単な上、淹れる人の個性が香味にはっきりと現れるのが面白い

ものぐさものはペーパードリップ

私は基本、ペーパーフィルターを使ったペーパードリップでコーヒーを淹れている。そしてお勧めもしている。水に浸して冷蔵庫で保存しないとカビてしまうネルは手入れが面倒だし、サイフォンはうっかりものの私のような人間には器具の扱いが大変だ（買って三日で割ってしまったこともあった）。フレンチプレスは脂分と粉っぽさがどうも苦手だし、エスプレッソはこれほど世界中で愛されているにもかかわらず、私の嗜好とは合わないようだ。

私のようなそそっかしくてものぐさな人間には、手軽にコーヒーを淹れられるペーパードリップがぴったりだ。しかも自分の手で香味を調節出来るから、その時の気分に合ったコーヒーを淹れることが出来る。うっかりものにも簡単なペーパードリップで、気軽に楽しくコーヒーを淹れる方法を紹介したい。

愛着の湧く道具を見付けよう

コーヒーを淹れるためには道具が必要だが、沢山種類があり過ぎて、どれが良いかと悩み出すときりがない。見た目から入るのも良いのだけれど、やはり道具は使い易さが一番大切。あまりにも手間が掛かったり、技術を必要とするものだとコーヒーを淹れることが面倒になってしまう。毎日コーヒーを淹れる第一のコツは、毎日使いたくなるような格好の良さと簡単に扱える利便性を兼ね備えた、愛着の湧く道具を見付けることだ。

ミル

コーヒーを美味しく淹れるために一番大切な道具、それがミル。ミルとはコーヒー豆を挽くための器具である。コーヒーは挽くことにより閉じ込められている香りが現れるから、淹れる直前に挽くのが良い。それだけでコーヒーは圧倒的に美味しくなる。

ミルには様々な種類があるが、大きく分けると電動式と手動式がある。一度に沢山淹れるのなら電動式が便利だが、お家で少し淹れる程度なら手動式が手軽だ。手動式のミ

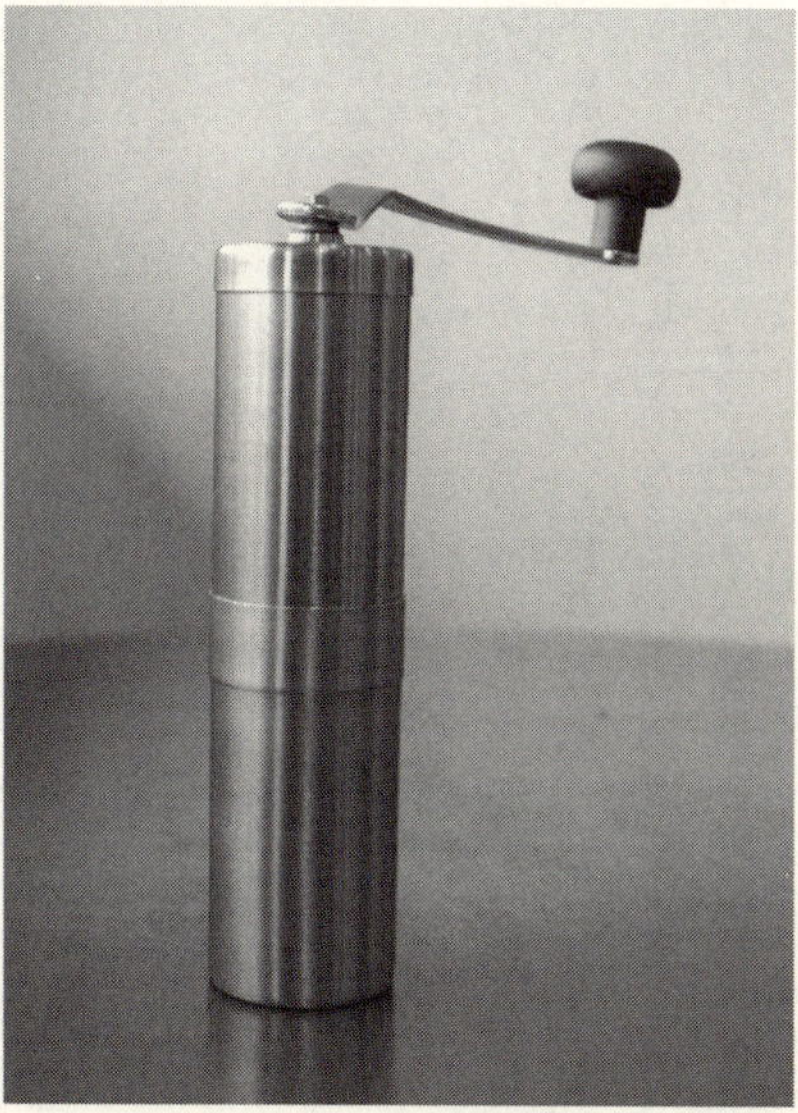

何はなくとも、ミルだけは手に入れて欲しい。
私の愛用品は、ポーレックス社の手動式のもの

ルでゆっくり豆を挽くと、摩擦による発熱が少なく柔らかな味のコーヒーになるような気がする。豆の質感が手に伝わり、豆ごとの硬さの違いが分かるのも手動式の楽しみだ。柔らかい深煎りのマンデリンを挽く時はコリコリと優しい音が聞こえてくる。硬いグアテマラの新豆を挽く時にはゴリッ、ゴリッという力強い音と一緒に、しっかりとした感触が手に伝わってくる。豆の個性を感じることが出来ると、豆への愛着が湧いてくるものだ。

何だか面倒だなと思われる方もいるかもしれないが、数人分の豆を手動式のミルで挽くことは、やってみるとそんなに面倒ではない。ものぐさな私でも毎日出来ているし、四歳の息子も遊びながらやってくれる。だから是非、どんなものでも良いのでミルを手に入れて欲しい。どんなものでもと言っても、せっかくなら使い易いものを選びたい。私が愛用しているのは、ポーレックス社の手動式ミル。手頃な大きさなので携帯にも便利で場所をとらない。分解して洗えるから微粉が酸化することもなく、しかも格好良い。何も考えずにコーヒー豆を挽く時間は、優雅で贅沢なひと時だ。穏やかな気持ちになり心が和らいでくる。美味しいコーヒーと優雅な時間のために、まずはミルを手に入れよう。

コーヒーフィルター（ドリッパー）

コーヒーフィルターとは挽いたコーヒー豆を抽出するための道具で、ドリッパーとも呼ばれる。台形で一つ穴のメリタに三つ穴のカリタ、円錐形のコーノやハリオ、ユニークな形のドーナツドリッパーに金枠の松屋式など、沢山の種類がある。

私が愛用しているのはメリタの一つ穴のプラスチック製のもの。落としても壊れにくいし価格もお手頃だ。陶器製は割れ易い上、溝の部分が均一になっていないことが多いので安定した香味で淹れるのが難しい。プラスチック製のものは使っているうちにコーヒーが着色するので、深みのあるフィルターに育てていく楽しみも味わえる。また一つ穴のフィルターは抽出速度が遅いので、湯がフィルター内に滞留する時間が長く、豆と湯が接している時間も必然的に長くなる。そのため使用する豆の量も少なめで済むのだ。

何せメリタはペーパードリップの元祖。ドイツのメリタ婦人が愛する旦那様に美味しいコーヒーを飲んで貰いたいと考えて作られた逸品。こんなに愛に溢れた道具に勝るものはないと思う。

それとフィルターを選ぶ時に重要なのがその大きさ。一度に淹れるコーヒーの量に合わせてフィルターの大きさも様々で、一～二杯用から大きなものでは十杯以上用のものまである。大は小を兼ねるということはなく、適正な大きさを選ぶ必要がある。大人数用のフィルターで一人分のコーヒーを美味しく淹れることはとても難しい。それはフィルターの大きさに対して豆の量が少ないと豆の表面積が小さくなり、湯がペーパーに直接かかってしまうからだ。だからフィルターは淹れる量に合った、適切な大きさを選ぶことが大切なのである。

フィルターペーパー

フィルターペーパーとは、コーヒーフィルターの上にセットする、文字通り紙製の濾過紙。シンプルにペーパーと呼ばれることが多い。ペーパーには漂白されたものと無漂白のものがあるが、好みで選んで大丈夫。これと言って味に影響がある訳ではない。

それよりも大切なのはフィルターの形、大きさに合ったペーパーを使うこと。円錐形のフィルターには円錐形のペーパー、台形のフィルターには台形のペーパー、四人用のフィルターには四人用のペーパーを使用することが大切。無理をすれば使える場合でも、必ず適切なペーパーを選ぶようにしよう。無理をすればすぐに味に出てしまうものだ。

それとペーパーは消耗品なので、お手頃な価格のものを選ぶことも大切。高くても良くないものもあるし、安価でも優れたものもある。使い勝手と無理のない価格のバランスで、毎日美味しいコーヒーを楽しんで頂きたい。

フィルターは淹れる量に合うものを。そして
フィルターの形状、大きさに合うペーパーを

ポット

意外と大切なのがポット。ペーパードリップで淹れる場合には必要な道具で、何かと手にする機会が多い。だからデザイン性はもちろん使い勝手が良く、湯が注ぎ易いものを選びたい。

私が愛用しているのはタカヒロの〇・九リットルポット。直火にも電磁調理器にもかけられて便利な上、軽く使い易い。何より注ぎ口のラインが素晴らしく、細い湯を出すのも簡単で一滴ずつ湯を落とすことも出来る。業務用なので値段的にはそこそこするのだけれど、まず壊れることはないので一生付き合える道具と考えたら値打ちがある逸品だと思う。

形や値段に釣られて買ってはみたものの、淹れにくく結局買い替えるようでは元も子もない。多少値段は張っても、最初から使い易いものを選ぶことをお勧めしたい。使い難さが原因でコーヒーを淹れなくなってしまうのは何よりも悲しいことだ。淹れにくい道具で苦労して上手く淹れられるようになる喜びもあるかもしれないが、それは最初に良い道具を選びさえすればしなくても良い努力だ。毎日負荷なくコーヒーを楽しむために、ポットだけは良いものを選ぼう。

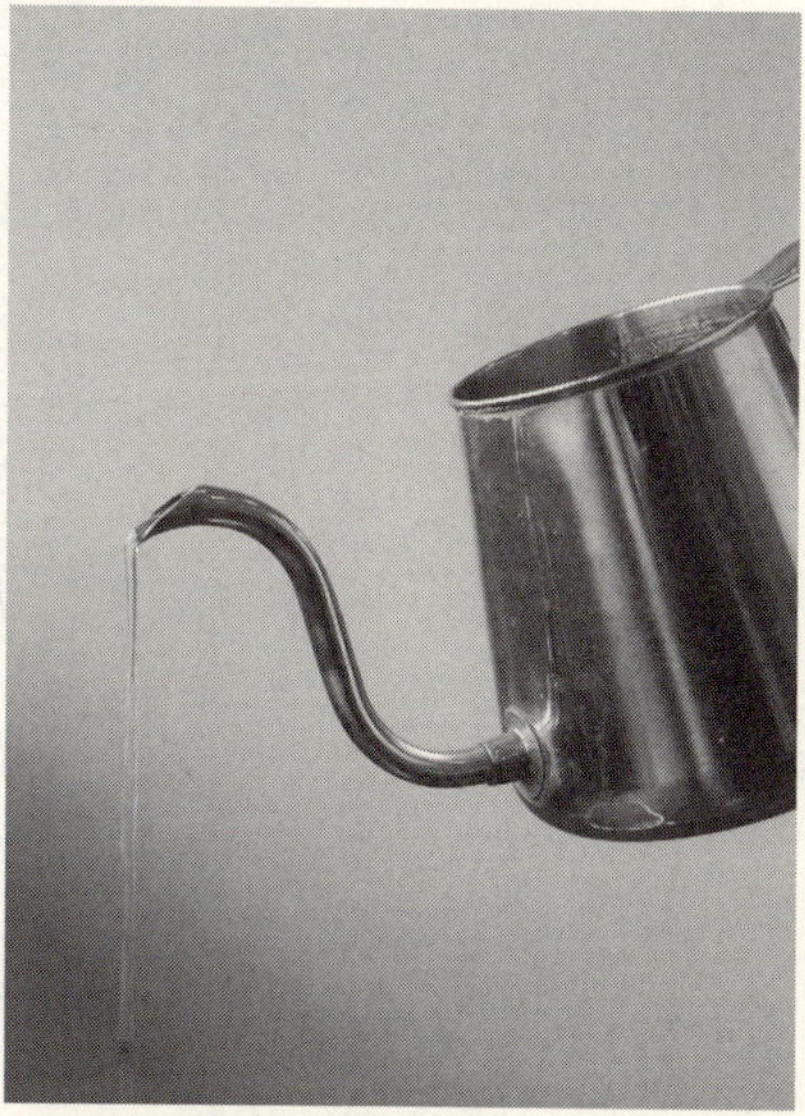

ポットは使い易いものを。タカヒロのポットは
軽く、細い湯も簡単に出すことが出来る逸品

器

お気に入りの道具で美味しくコーヒーが淹れられたら、お気に入りの器で頂きたいものである。私は古い北欧の器が好きで愛用していたのだけれど、近頃のアンティークものの価格高騰に恐れをなして尻込みをし、手頃なイッタラ社のティーマを使っている。たっぷり入るし頑丈なので重宝している。気軽に日常使いが出来るということも大切だ。最近良く使っているのは照井壮さんの有田焼の磁器のカップ。縁錆が何とも言えず、良い雰囲気を醸し出している。深煎りを濃く淹れた時は、小さな器で丁寧に頂く。ゴクゴクいきたい時は、大きな器でたっぷりと頂く。気分に合わせて器を替えることもコーヒーの楽しみの一つだ。

器は香味を変えるものではないけれど、気分の上で何よりも香味に影響を与えるものだと思う。好きな器で飲むコーヒーは何故だか幸せな味がする。お気に入りの器は美味しいコーヒーをもっと美味しくする、大切な道具の一つだと思う。

35　愛着の湧く道具を見付けよう

豆の挽き具合と湯の温度

道具が揃ったらこれでコーヒーを淹れる準備は万全なのだが、知っておくともっとコーヒーが美味しくなるコツをもう少しだけ紹介したい。まずは、コーヒー豆の挽き具合の話。

豆の挽き具合は大きく分けると極細挽き、細挽き、中挽き、粗挽きの四種類がある。挽き具合が細かいほど苦味が増し、粗いほどあっさりとした味になる。一般的にエスプレッソは極細挽き、フレンチプレスは粗挽き、サイフォンやペーパードリップは中挽きが良いとされている。しかし自分の手で湯を注ぐ速度を自由に変えられるペーパードリップは、注ぎ方で好みの香味に調整出来るので、必ずしも中挽きである必要はない。

コーヒーの成分のうち最初に現れるは酸味だ。そして足が遅く最後に現れるのが苦味。だから苦味を強くしたい場合は深煎りのコーヒー豆を細かく挽き、ゆっくり時間をかけてドリップすると良い。逆にあっさりとした口当たりの良いコーヒーを淹れたい場合は中煎りのコーヒー豆を少し粗めに挽き、サッと時間をかけずにドリップすると良い。深煎りコーヒーの香味が好きだけど重いのは苦手という方は、ちょっと粗めに挽いてドリップすると深いけれどあっさりした香味のコーヒーになる。

また一度に淹れる量と挽き具合も香味に大きな影響を与える。例えば六人分のコーヒーを淹れる場合、湯が落ちるのに時間がかかるため、中挽きでは苦めのコーヒーになってしまう。その場合は粗めに挽いた豆で通常より速く淹れるか、三人分ずつ二回に分けて淹れると良い。

もう一つ、香味に大きな影響を与えるものが湯の温度。高い温度で淹れると苦味の成分が抽出される速度が速くなる。反対に低い温度で淹れると柔らかい味のコーヒーになり易い。水出しコーヒーの口当たりが柔らかなのもこれに起因している。玉露などの日本茶を低温で抽出するのも同じ理由からだろう。

良く沸騰直後の湯は駄目だと聞くのだけれど本当なのだろうか。私は保温性の良くないステンレスのポットを使っている。だから一投目には沸騰直後の湯を使う。そうしないと二投目以降の温度が極端に下がってしまうからだ。そういう淹れ方をしているから美味しくないかと言われるとそんなことはない。意外と美味しいコーヒーが淹れられる。

水道水でも大丈夫

コーヒーを美味しく淹れるには水が大切と考えている方が多いようで、水について尋ねられることが良くある。水道水でも大丈夫と答えると、「えーっ、水道水でも良いんですか」と驚かれることが多い。

もちろんミネラルウォーターや浄水器を通した水で淹れると美味しくなるが、水道水で淹れたコーヒーもそんなに悪くはない。案外、先入観で味覚は変わったりするものだ。

水道水が美味しくない場所に住んでいる方や、カルキ臭が気になる方は数回沸騰をさせた湯を使うと良い。外国産に良くある硬水のミネラルウォーターはコーヒーを抽出するのには適さないから止めた方が良い。ミネラルウォーターでも採水地によって硬度が大きく異なるので注意が必要だ。海外の硬水のミネラルウォーターよりも、日本の水道水を使った方が豆の味が良く出て、美味しいコーヒーが淹れられる。

一番の方法は、私が暮らす徳島のような田舎に暮らすこと。何と言っても水と空気の美味しさは格別だ。一度、徳島の美味しい水道水で淹れたコーヒーを飲みに来ませんか。

39　水道水でも大丈夫

美味しいコーヒーの淹れ方教室
対談・堀井和子×庄野雄治

堀井和子さんは命の恩人である。大袈裟に言っている訳ではなく、本当に恩人なのだ。堀井さんがアアルトコーヒーのことを紹介してくれなかったら、店はとっくになくなっていたことだろう。

今回、堀井さんに直接感謝を伝えることが出来た。それだけではなく、自分が焙煎した豆で堀井さんにコーヒーの淹れ方をお話しすることまで出来たのだ。そんな時が来るなんて思ってもいなかっただけに、本当に嬉しい出来事であった。

堀井さんは軽やかで気品のある女性で、あんな風になりたいと男の私が本気で憧れた人であった。そして想像していた通り、堀井さんは地上から三ミリだけ浮いているように、私には見えた。

堀井和子／料理スタイリストとして活躍した後、ニューヨーク郊外で暮らす。帰国後、シンプルで洗練された料理やパンのレシピ、スタイリングを紹介する他、数多くの著書を上梓している。

堀井和子さんとアアルトコーヒーの出会い

堀井（以下、堀）　アアルトコーヒーさんの缶の絵を描かれているイラストレーターの佐々木美穂さんが、私の誕生日がアルヴァ・アールトと同じということでアアルトコーヒーさんの豆をプレゼントしてくれたんです。他の豆はお店で飲んだ時には美味しくても自分で淹れると違う味になっていたりするのですが、アアルトコーヒーさんの豆は美味しく淹れられたんです。焙煎が違うのか、銀色の袋に何か魔法があるのかなって思ったくらい。豆の選択とか組み合わせ方とかブレンドに凄いものがあると思うんです。

庄野（以下、庄）　いえいえ、そんなことはないです。

堀　アアルトコーヒーさんのコーヒーはしばらく経っても香ばしくて、きりっと持ち上がるような感じ。昔は苦手だった酸味系も、バランスが良いと香りが凄く魅力的だなと思えるようになりました。深煎り浅煎り関係なく、美味しいコーヒーは美味しいんだなと気が付いたんです。

庄　そんなことを言って頂き本当に光栄です。アアルトという名前を付けたのは、二月三日にオープンしたからというのもあるんです。開店してすぐに堀井さんが雑誌で紹介してくれたおかげで、沢山の方にアアルトコーヒーを知って頂きました。

コーヒーと紅茶の話

堀　ある時、紅茶が美味しいカップとコーヒーが美味しいカップは違うことに気が付いたんです。北欧のカップはデザイン的にコーヒーが美味しく飲めるように出来ていると思うんです。紅茶は丸くして、香りを集めないといけないじゃないですか。

庄　北欧は昔からコーヒーが有名で、一年間に飲むコーヒーの量が世界トップクラス。アフリカが近いのでアラビカ種という質の高い豆が入って来るんです。夜が長く家でゆっくり過ごすことが多いのでコーヒー文化が発達して、器もコーヒーに合うものになっていったんでしょうね。紅茶はやっぱりイギリスですか。

堀　そうですね。紅茶の葉っぱは色々なところで買ってみるんですけど、同じ葉っぱでも色々な香味があって楽しいです。例えばアッサムでも何種類かあるのですが、イギリスのものは最初の香りの奥にもう一つ香りがあるように感じます。イギリスの紅茶は茶葉が醸し出す匂いがして、奥が深い感じがします。日本の専門店で同じアッサムを買うと新鮮な摘みたての香りはするんだけど、切れがあってさっぱりした味なんです。どちらも違う美味しさがあります。それにミルクティーを飲んでいて気が付いたのは、牛乳で味が変わる。牛乳の香りが控え目でないと、美味しいミルクティーにならないんです。

庄　コーヒーも、同じ種類の豆でも色々な香味があります。だから気分や季節に合わせて色々な種類の豆を楽しみたいですね。暑い夏は酸味が強い方が美味しいし、寒い冬は濃い方が美味しい。深く焼いた豆はミルクとの相性が良いんです。

堀　自分が美味しいと思えるコーヒーを飲みたいですよね。クリームが入っていてもバランスが良ければ美味しいし、砂糖を入れると美味しく感じる日もある。

庄　コーヒー好きな方って、やっぱりブラックで飲まなきゃいけないというのがあるんですけど、好みで砂糖やミルクを入れたら良いと思います。それぞれ味覚は違うので、自分が美味しいと思えるコーヒーが一番美味しいんです。今日は家のコーヒーが美味しくなる淹れ方のちょっとしたコツをお伝えします。一緒に淹れながら、堀井さんが美味しいと思うコーヒーの香味を見付けて頂けたら嬉しいです。

美味しいコーヒーの淹れ方教室

庄　まずフィルターですが、コーノ式のような円錐形のものが多いようですが、今日使うのは日本では主流ではない台形のものです。コーヒー教室では「淹れられたら、どんなものでも大丈夫」と言っています。堀井さんは普段どんなものを使っていますか。

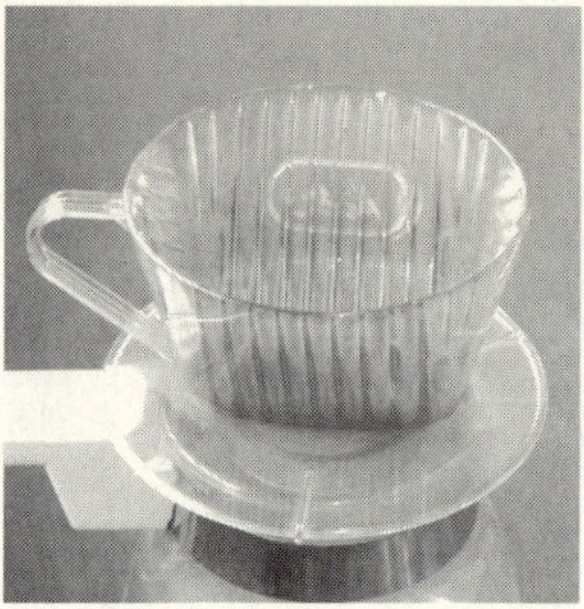

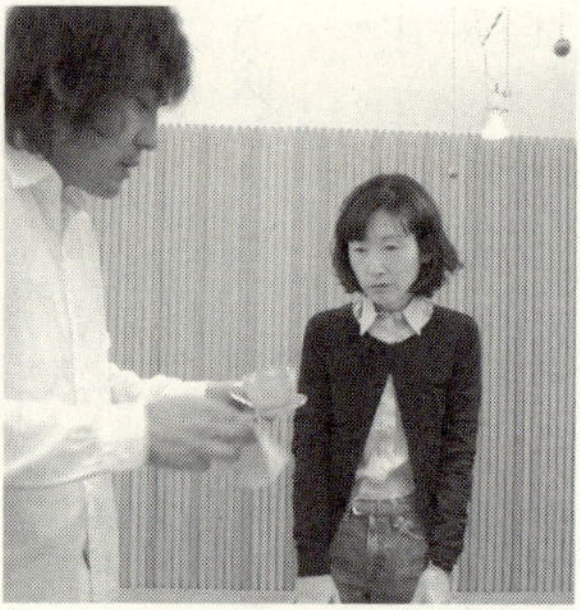

堀　これのもうちょっと大きいものを使っています。
庄　今日は一〜二杯用のものを使います。そしてアアルトブレンドという中深煎りの豆を使って平均的な、飲み易いコーヒーを淹れます。豆本来が持っている香りを楽しんで頂けると思います。
堀　今入れたお豆の量は一杯半くらいですか。
庄　そうです。ひとすくいで一〇グラムくらい。コーヒーカップは約一三〇mlで豆は一〇グラムあれば大丈夫なんですが、私はもう少し飲みたいなと思っているので、マグカップで二〇〇mlくらい淹れられる一四グラムを目安にしています。今はひとすくい約一〇グラムだと分かっているのですが、最初に自分が普段使う道具でひとすくい何グラムか確認しておけば、後は感覚で分かると思います。何回かやって好みの量にしてください。大体の目安は一杯につき使う豆が一〇〜一五グラムです。次に豆を中挽きくらいに挽きます。こんな感じで、グラニ

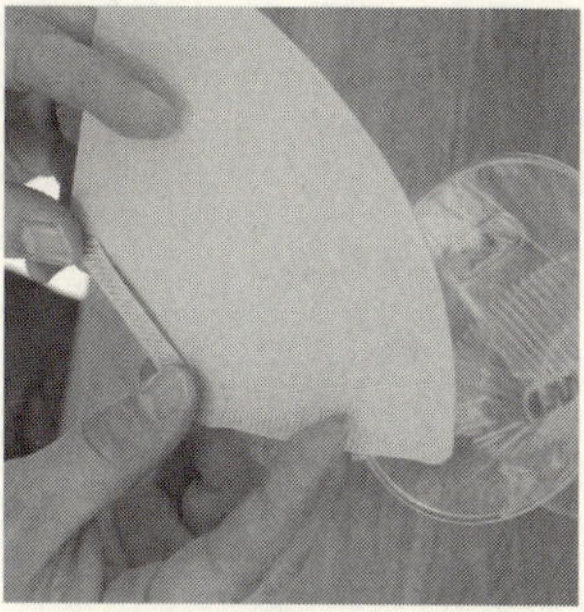

ュー糖くらい。結構粗めです。
堀　結構粗い感じが分かる。目で見て覚えた方が良いですね。
庄　挽いた豆をペーパーに入れてフィルターにセットします。ペーパーは下と横の部分を折ってください。そして豆をペーパーに入れます。ここで重要なのは豆を平らにならすこと。ならさないとフィルター内の豆の量にばらつきが出来てしまい、淹れる度に濃度が変わってしまいます。平らだと安定して、お湯が注ぎ易くなるんです。
堀　ペーパーは濡らすんですか。昔は良く最初に紙にお湯をかけていたようですが。
庄　今はその逆で、紙にお湯をかけちゃ駄目なんですよ。昔は紙が悪かったらしく、臭いを消すためにお湯にさらしていたのですが、直接お湯をペーパーにかけると、紙の臭いがたってしまうんです。
堀　なるほど、かけないように。

庄　次はお湯を注ぎます。お湯の温度は沸騰直後くらいでも大丈夫です。ぐつぐつ沸騰したお湯っていうのはあまり良くないんですけど。お湯の温度が高いほど、強い味のコーヒーになります。日本茶と一緒で低いほど優しい味になります。そこは自分の好みで選んでください。では、お湯を注いでいきます。真ん中に向かって、出来るだけ近くに立つのがポイントです。ポットの注ぎ口は豆の表面に近ければ近いほど良いです。そして真ん中にこんな感じで小さく「の」の字を書いて、一回止めます。

堀　凄く元気。

庄　そうですね、ぶくぶくぶくってなります。本によっては二〇〜三〇秒と書いてあるのですが、時間は気にしなくても大丈夫です。深煎りの豆は焙煎時にガスが沢山出ているので、ぶくぶくが早く止まるんです。浅煎りの豆は内包しているガスが多いので時間がかかるんです。ぶくぶくが止まったらまた中央にお湯を注ぎます。

堀　難しそうですね。

庄　コッさえ覚えれば簡単です。中央に近く小さく円を描きます。高いところから湯を入れると円が大きくなってしまうので近くから入れてください。この時、脇を締めてください。手首で回そうとすると脇が開いて大きな円になってしまうんです。だから脇を締めて、ポットを上下に動かす感じで。こうすると同じところにお湯が落ちないので、小さな円が描けるようになります。この時、紙にも周りの豆にもお湯をかけないようにしてください。

堀　土手の部分というか？

庄　ペーパーフィルターは三角形になっているので、真ん中が厚くて外側は薄いんです。薄いところにかけると、薄いコーヒーになったり、中の濃いコーヒーが混じったりして、味がぶれてしまいます。中央だけにかけていると、最初にハンバーグのように膨れるので、横に浸透して常に安定します。一気にお湯を注ぐとぶくぶく膨れる

のですが、膨らむのはお湯の量が多いということで、落ちるのが速くなり薄いコーヒーになり易いんです。膨らませ過ぎず、凹ませないくらいで淹れると安定して飲み易いコーヒーになります。二〇〇mlになったらドリッパーを外します。お湯が残っていても、断腸の思いで上げてください。これはえぐみなどの悪い成分を落とさないための重要なポイントなんです。勿体ないと思ってしまうところですが、落とし切らないようにしてください。

堀　二〇〇mlってこれくらいですよね。

庄　濃くしたい時はお湯を少なくすれば良いし、薄くしてがぶがぶ飲みたければお湯を増やせば良いんです。何回かやるうちに、調整が出来るようになると思います。

堀　二〇〇mlというのも迷わないで良いですね。豆の膨らみ方や泡の立ち方がこうなったら駄目、というのは判断が付きにくかったりするので。

庄　ちょっと薄くなりましたがちゃんとコーヒーの味は

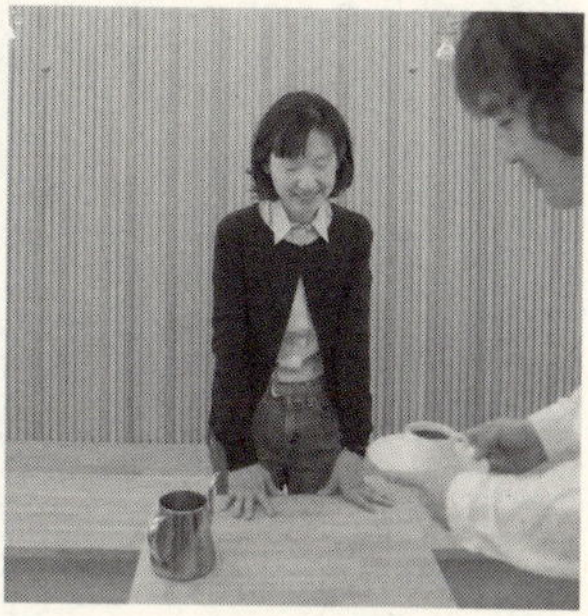

するので、飲んでみて頂けますか。
堀　澄んだ味がします。口の中に苦味と甘味が広がる。
庄　少し薄いのですが、仕事柄沢山飲むので濃く淹れてしまうと、新鮮なコーヒーでも胃にきてしまうんです。
堀　私もフランス料理の後のエスプレッソ以外は、濃過ぎるのは苦手です。これくらいだと飲み口も軽やかで、沢山頂けますね。
庄　好みは人それぞれなので、まずは色々試してみて味に違いが出ることを実感頂きたいと思います。家で美味しく淹れられないと良く言われるのですが、何故美味しくないかの理由を明確にして、その部分を改善すればコーヒーは確実に美味しくなります。酸味が立ち過ぎるのであれば細かく挽いてゆっくり淹れれば良いし、逆に重過ぎたり苦過ぎるのであればちょっと粗めに挽いて速く落とせば良いです。コーヒーって単純で簡単なんです。では次は堀井さんにやって頂きましょう。

堀　大丈夫かな。
庄　一緒にやっていきましょう。まず豆を挽きます。
堀　コーヒーメジャーで一杯半。挽くのは秒数とか決まっているんですか。
庄　このミルは電動式なので、スイッチを押せば大丈夫です。
堀　これくらいで良いですか。さっきと同じかな。
庄　家のミルでやる場合には、このグラニュー糖くらいの粗さを何となく覚えておいてください。でも大体で大丈夫です。これをペーパーに入れてください。
堀　豆を平らにするんですね。フィルターだけ持てば良いんですか。
庄　フィルターだけ持って振って平らになれば大丈夫です。そんな感じですね。そうしたらサーバーの上にフィルターを置いてお湯を注いでいきます。正面を向いて、フィルターに近い方がやり易いです。

堀　あーっ！　ペーパーが濡れちゃった。
庄　全く問題ないです。そこで一回止めたらハンバーグになるので。この状態にしてお湯が落ちる道を作ります。
堀　思ったよりも早くハンバーグが出来るんですね。ちょっと偏っていますが。
庄　大丈夫です。淹れているうちに自然と中央になります。膨れるのが止まりました。そうしたら、また中央に小さく「の」の字を書くようにしてください。ポットの先を出来るだけ近付けて。
堀　あー出来た。ばっちりです！
庄　良いですね。ポットを回すのはあまり意識しなくても大丈夫です。上下にして淹れたら自然と円になります。
堀　きゃ！（笑）。すみません、よれてしまって。中々綺麗な円にならない。
庄　いやいや、良い感じですよ。そのまま陥没させないように注意しながら注いでください。落ちているものに

足している感じです。それと一番重要なポイントはスマイル。笑顔で淹れてください。

堀　緊張して、つい真剣になっていました。

庄　どうしても眉間に皺が入っちゃうんですよ。でも笑顔で淹れていると美味しくなるんです。あ、上手くなった。綺麗に回るようになりましたね。

堀　えー、でも難しい。

庄　凄く良いです。白と黒のコントラストが綺麗なんですよね、この淹れ方。そろそろかな。そうしたら、お湯が残っているうちにフィルターを外してください。

堀　上手く淹れられたかな。

庄　じゃあ飲んでみましょう。

堀　ドキドキします。

庄　良い色ですね。では、頂きます。うーん、凄く美味しいです。良い豆で淹れたからかな。すいません、冗談です（笑）。

堀　本当、お豆が良いからですよ（笑）。でもやっぱり最初にちょっと暴走したので、酸味が少し出ましたよね。
庄　でも時間をかけて淹れられたので、少し酸味はあるのですが苦味もちゃんと出ていて、バランスが良い香味になったと思います。最初にがっと注いだ後、そのまま速く淹れ続けてしまうと酸味ばかり立ってしまうんですが、堀井さんは丁寧に淹れられたので、ちゃんとコクと苦味が出ています。
堀　最初にゆっくり注いだらもうちょっと酸味が抑えられたかも。それでもやっぱり飲んだ後、澄んだお豆の味がしますね。
庄　やっぱり家では、さくっと淹れてさくっと飲んで貰った方が淹れる回数が増えると思うんです。一つ一つの行程は面倒ではないんです。飲む直前に豆を挽くとか、豆を平らにするとか、ゆっくり淹れるとか。でも丁寧にやらないときちんとした味は出来ないんです。丁寧にしないと全部それが味に跳ね返ってきます。

堀　やっぱり初心者は「の」の字の練習をしなきゃいけないですね。

庄　数回やれば何となく感覚で分かると思います。数字に落とし込むのは良くないと思います。毎回量りながらでは面倒になってしまいますし。

堀　パンの発酵も同じで、慣れてくると生地の様子や膨らみ加減で発酵を見極められるようになります。昔、ヨーロッパの家庭で、毎日家族で食べる分のパンを焼いていた頃も、細かく量るのではなく、粉三カップに水一カップというように簡単に量って作っていたのではないでしょうか。毎日のことなので、簡単で面倒にならない、自分のやり方で取り組めると良いですよね。

庄　杓子定規で覚えてしまうといつまでたっても美味しくならないですが、コーヒーをちゃんと見ていたら、そのうち「そろそろお湯を入れろ」みたいな豆のサインが分かるようになります。そうしたら自分好みのコーヒーを見付けるのも早いと思います。

堀　ちょっと違うかもしれないんですけど、パン生地の発酵は、冬は膨らみが凄く遅いんですが、逆に夏はすぐに膨らんで発酵オーバーになり易いんです。冬は時間をかけてじっくり発酵させると美味しくなりますし、夏は生地を冷蔵庫で少し冷やしたりして調整します。コーヒーも季節で味が変わったり、淹れ方で味が変えられるようになったら

美味しいコーヒーを淹れるために一番大切なのは、コーヒーを心から楽しむこと。改めて堀井和子さんから教えて頂いた

楽しいでしょうね。コーヒーやお茶のような嗜好品は、これがないと生きていけないというものじゃないだけに、凄く贅沢な時間ですよね。飲んでいる時はもちろん、淹れている時も豆を選んでいる時も。

庄　本当にそう思います。偉そうかもしれないんですけど、「ミルで豆を挽くなんて三分あったら出来るから、三分だけ早く起きて自分で挽いた豆でコーヒーを淹れてみてください。それだけで一日が変わりますよ」とお客さんにお話しをさせて頂くんです。ささやかなことなんだけれど、美味しいコーヒーが淹れられたら一日が気分良く過ごせると思うんです。

堀　今日はとても楽しくコーヒーを淹れることが出来ました。お家でも教えて頂いたことを思い出しながら、笑顔でアアルトコーヒーさんのお豆を淹れてみます。ありがとうございました。

庄　こちらこそ、本当に楽しい時間をありがとうございました。

優しいカフェオレの作り方

寒い冬の日、仕事を終えて帰宅した後にはカフェオレが飲みたくなる。何故だろう、普段はストレートのコーヒーしか飲まないのに。冷えた部屋が暖まる前にミルクパンから立ち上がる湯気とコーヒーの香り。たっぷりとしたお気に入りの器をかじかむ手で握り締めながら、ゆっくりと飲むカフェオレは頑張った自分へのご褒美なのだ。

カフェオレの作り方
1　深煎りのコーヒー豆を細かく挽いてゆっくり濃厚に淹れる。
2　ミルクパンで沸騰寸前まで沸かしたミルクを、脂肪分を濾しながらカップに入れる。
3　その上から濃い目に淹れたコーヒーを注ぐ。
4　コーヒー三に対し、ミルク七くらいの割合が私のお気に入り。
浅煎りのコーヒーは酸味があるのでミルクと合わせるとさらに酸がきつくなる。酸味のない深煎りのマンデリンなどはカフェオレに最適だ。砂糖を入れなくてもほのかに甘いカフェオレは、優しい気持ちにしてくれる。

1　深煎りの豆を細かく挽いて、ゆっくり濃厚に淹れる

2　沸騰寸前まで沸かしたミルクを濾しながらカップに注ぐ

3　その上から、濃い目に淹れたコーヒーを注ぐ

4　コーヒー3に対し、ミルク7の割合が私のお気に入り

すっきり水出しアイスコーヒーの作り方

湯を沸かすのも嫌になるほど暑い夏の日には、キリリと冷えたアイスコーヒーが飲みたくなるもの。そんな時に簡単なのが水出しコーヒー。ここで紹介するのはコーヒー専門店などにある本格的な器具を使ったものではなく、家庭で簡単に出来る作り方。

水出しアイスコーヒーの作り方
1　深煎りのコーヒー豆を細かく挽く。
2　密封出来る容器（麦茶を作るような容器でも良い）に粉を入れ、その上から水を注ぎ（三〇グラムくらいの豆に水五〇〇ｍｌが飲み易い）蓋をしっかりと閉める。
3　それを冷蔵庫に入れ六～八時間ほど冷やす。
4　時間がきたらペーパーフィルターで濾す。
水で長時間かけて抽出することにより、苦味の少ない柔らかく甘いアイスコーヒーが出来上がる。湯も沸かさなくて良く簡単で、すっきりとした喉越しなのでゴクゴクと飲める。まさに真夏に最適なコーヒーだ。

1　深煎りのコーヒー豆を細かく挽いて容器に入れる

2　容器に水を注ぎ入れ、蓋をしっかりと閉める

3　冷蔵庫に入れて、6～8時間ほど冷やす

4　ペーパーフィルターで濾したら完成

しっかりアイスコーヒーの作り方

そうは言っても、やっぱりガツンとしたアイスコーヒーを飲みたい。そんな時は湯を沸かして、ゆっくりとドリップしたアイスコーヒーを作ってみよう。

しっかりアイスコーヒーの作り方

1 氷水をはった容器にサーバーを浸しておく。
2 ゆっくりとペーパードリップで抽出する。細かく挽いた深煎りの豆を使う。
3 適量ができたらフィルターを外し、掻き混ぜる。
4 冷えたら、良く凍らせた氷を入れたグラスに注ぐ。

氷に直接落とす方法と違い、薄まりにくいので少しの豆で濃く淹れることが出来る。掻き混ぜることにより空気が入り、柔らかな口当たりのアイスコーヒーになる。また冷凍庫で長時間凍らせた氷を使うと薄まりにくく、ゆっくりと味わうことが出来る。凍ったばかりの氷は柔らかいので早く溶け出し、水っぽくなってしまう。ホットコーヒーと同様、ちょっとした手間を掛けるだけでアイスコーヒーもずっと美味しくなるのだ。

1　氷水をはった容器にサーバーを浸しておく

2　深煎り豆を使い、ペーパードリップでゆっくり淹れる

3　適量のところでフィルターを外し、掻き混ぜる

4　良く凍らせた氷の上に注いだら完成

豆を美味しく保つための方法

「コーヒー屋さんに豆の保存について訊くと、冷凍、冷蔵、常温と皆違うことを言うんですが、どれが正しいんですか」と良く訊かれる。確かに保存方法については色々な考え方があるので一概にこれが正解とは言えないのだが、私なりのコーヒー豆を美味しく保つための方法を紹介したいと思う。

私は基本、気密性の高い容器に入れて常温で保存している。それは毎日使う豆に急激な温度変化をかけたくないからだ。毎日の温度変化は劣化の元凶だ。また常温と言っても高温多湿な場所や直射日光が当たる場所は良くない。だから豆の袋は透明のものより光を遮断するものが良い。しかしかなり先まで開封しない豆がある場合には、密閉された袋のまま冷凍保存しておくことをお勧めしたい。

反対に毎日使う豆を冷凍保存しておいて、淹れる度に取り出すと結露して豆の水分量が増え、劣化の速度が上がってしまう。冷凍保存された豆を淹れる時は、ゆっくりと時間をかけて、常温に戻してから使用するのが良い。冷凍された状態だと、豆の中にある水分が凍ったままのところに湯を注ぐので、どうしても水っぽいコーヒーになってしまう。

つい忘れがちになるのだが、コーヒーは食物である。新鮮な豆は日々、呼吸をしながら生きている。だから優しい気持ちで丁寧に付き合えば、きっとコーヒー豆も喜んでくれるに違いない。そんな喜びに溢れたコーヒー豆は美味しいに決まっているのだ。

コーヒーは懐の広い飲み物なのだ

どうやら何も入れずに飲む、いわゆるブラックコーヒーがコーヒー好きには当たり前になっているようだ。私も普段はストレートで飲むが、ミルクを入れることもある。その時に使うミルクは牛乳を少し温めたものか、植物性と動物性脂肪が半々くらいのクリームを選んでいる。乳脂肪分が強いクリームを使うとせっかくのコーヒーの風味を損なうような気がするのだ。特に深煎りのコーヒーにクリームを入れると美味しいが、軽めのコーヒーにクリームを入れても酸が際立ち、意外にすっきりと頂ける。

私はコーヒーに砂糖を入れることはあまりないのだが、上白糖や黒砂糖、和三盆よりもグラニュー糖が一番コーヒーとの相性が良いと思う。言い方は悪いがコーヒーはそんなに上品な飲み物ではないので、庶民的なものと良く合うようだ。

またコーヒーをより楽しむために大切なものといえばお供。コーヒーのお供といえばケーキやドーナッツがすぐに思い浮かぶ。ヨーロッパのカフェに行けば深煎りのコーヒーとザッハトルテなどのケーキとのセットが定番だし、アメリカの小説を読んでいるとマグカップいっぱいに入ったアメリカンコーヒーとドーナツの組み合わせが良く登場する。あんこを使った和菓子や醤油味の煎餅と合わせたりする店もあるそうだ。コーヒーは案外色々なものと相性が良いのだ。

私はストレートでコーヒーを飲むことが多いので、チーズやナッツのような脂肪分と塩分を感じるものと一緒だと嬉しい。ワインやスコッチのお供と一緒なのは、ただの飲んべいだからだという話もあるが、ピスタチオやチーズ片手にコーヒーを飲むのも良いものだ。

そういえば以前、大阪のある喫茶店で女性店主がコーヒーに一つまみの塩を入れてくれたことがあった。店主は「これでコーヒーの甘さが分かるわよ」とにっこり言ったのだが、確かに甘味が増したような気がした。

色々難しく言われがちだが、コーヒーはあくまで日常品で嗜好品。好きなように楽しむことが出来る、懐の広い飲み物なのだ。

B-side

アアルトコーヒーの日々

アアルトコーヒーが出来るまで

何となく生きてきた延長で大学を卒業して、地元の旅行会社に就職したが、意欲も希望もなく入った会社は当然のように三日で辞めたくなった。組織にいることも配属になった営業職も自分には合わず、苦痛なだけの毎日だったが、不思議なことに十年以上続けることが出来た。嫌々ながらも何年かすると仕事は人並みに出来るようになったのだけれど、何もない毎日だった。ただ心が止まったままの自分の姿に気が付かないふりをすることだけが上手になっていった。

三十歳で結婚したのだが、このことが止まった心を動かすきっかけとなった。「何かを始めなければ」漠然とした焦燥感にさいなまれる毎日が始まったのだ。普通なら十代のうちに考え悩まなければならない自分の将来のことを、三十歳を越えてから（しかも結婚してから）考え出すという幼い自分の精神に、我ながら呆れてしまった。

兎にも角にもこれ以上組織にいるのは無理だ。じゃあどうすれば良い？　一人でも出来ること、そしてその仕事で暮らしていけること。それは一体何なのか、寝ても覚めてものことだけを考えた。どうせするのなら好きなことをしたいし、好きなことでないと絶対に長続きはしないだろう。そうは思うのだけれど、これだというものがない。いや、ない訳ではなく何を選んだところでやっていく自信がなかったのだ。

何もない今の自分を肯定して、そんな自分にも出来る仕事を見付けることから始めなければならない。そのためにまず必要なことはなんだろう。考えに考え、辿り着いた答えは極めて単純、お金を貯めることだった。資金があればやりたいことが出来た時点ですぐに始められる。夢のない自分にとってはこれが最良の策だと思った。そして自分自身にいくつかの課題を課した。

・開業する時に借金はしない
・一年は無収入でも暮らしていけること
・一円でも赤字になったら辞める
・将来的には家族がその生業で暮らしていけること
・自分の好きなことだけをする

そうと決めたら後は進むだけ、兎に角働きお金を貯めた。

そんな中で元々好きだった飲食業に興味が湧き始め、中でも自分の好きな味を作ることが出来るコーヒーロースターという仕事に惹かれていくようになった。本当のところを言えば、三十歳を越えてから料理人になるのは大変そうだが、コーヒーは煎るだけだから今からでも大丈夫だろうという甘い考えからだった。それが大間違いであることを後々痛感することになるのだが。

色々なコーヒー関連の本を読み、有名な店で豆を買い、高名なロースターのセミナーにも参加した。コーヒーのことを知れば知るほどその楽しさにますます惹かれていき、コーヒーへの興味は尽きることがなかった。この仕事なら一生楽しく、しかも一人で続けられるという確信を徐々に深めていった。

そして娘が生まれる十日前、会社に退職願を提出した。妻以外は全員反対するか、呆れるかであった。初めての子供が生まれる直前の大切な時期なのだから当然の反応だ。環境を変えるためと、自分を追い込むためという建前があっても、家族を養いそして開業資金を貯めることが出来なければ会社を辞める意味はないから、次の仕事だけは決めておいた。

そんな時に、現在の師であるマツモトコーヒーの松本行広さんと知り合った。松本さんはとても正直な人で、現在のコーヒー業界は出店過剰でいかにコーヒー豆が売れないかということを教えてくれた。コーヒー屋でお金を稼ぐのがどれだけ大変なのかを諭し、これまで業界のことを全く知らない私に開業を思いとどまらせようとしてくれたのだ。

読んできた本やセミナーで聞いた話と全く違うことを言われ正直戸惑ったのだけれど、松本さんの言葉は信用することが出来た。確かにどこかのコーヒー屋で修行をした訳でもなく、コーヒーの生豆すら殆ど見たことのない家族を抱えた三十歳を越えた男からコーヒー屋を始めたいと相談されたら、今の私でも間違いなく止めることだろう。

それでも意思の変わらぬ私に根負けして、松本さんは焙煎機の購入を勧めてくれた。コーヒーを焙煎するだけの機械だが高級車が買えるくらい高額で、コーヒーロースターにならない限りは生活していくのに全く必要のないものである。でもその時、不思議と焙煎機を購入することに何の迷いもなかった。むしろ暗闇の中に小さいけれど光が見えたような気がした。それは覚悟を決めたからだと思う。覚悟のないものには光は見えないものだ。焙煎機を購入することを決めたこの瞬間、アアルトコーヒーが誕生した。

それからは会社勤めをしながら、ひたすらコーヒーを焙煎する毎日。しかし、かすかに見えかけた光はすぐに見えなくなってしまった。上手くロースト出来ないから、焙煎しては捨て、焙煎しては捨ての繰り返し。簡単だと思っていた自分の馬鹿さ加減を悔やむ日々が続いた。すぐに自分の味が出せる訳がないなんて分かっていたのだけれど、目の前に立ち塞がるあまりにも大きな壁に呆然とするしかなかった。

現状から逃げ出したい一心で始めたコーヒーロースター、そこからさえも逃げたくなっていた。しかし焙煎機を買った以上、逃げ出す訳にはいかない。正直その時は焙煎機を買ってしまったことを後悔したのだけれど、今思えば買ってしまったから逃げ出さずに済んだことを痛感している。

コーヒーに苦しむ毎日の中、二人目の子供を授かった。これを機に本格的に店舗の物件探しを始めた。コーヒーは相変わらず駄目なのに追い込まれる人間のやることは恐ろしいものだ。しばらくして家の近くに手頃な広さの物件を見付けることが出来即契約、すぐに内装工事に入った。こう書くと順風満帆のようだが、この時点でまだ商売になるようなコーヒーを焙煎することが出来ていなかった。それにもかかわらず、オープン日を決めてしまった。コーヒーを飲んだ松本さんから真剣な顔で「オープン日を延ばしたら」と言われたことを今でも忘れることが出来ない。さすがの私もこれは本当に不味いと思い、死に物狂いで焙煎に励んだ。言葉通り寝食も忘れて焙煎機に向かい、気が付くと一ヶ月で十キロ体重が落ちていた。そして開店僅か四日前に松本さんから合格を頂いた。間違いなくぎりぎりだったと思うけれど松本さんからの合格も頂き、これで何とかやっていけそうな気分になった。こうして二〇〇六年二月三日、アアルトコーヒーは開店した。

愚痴と溜息ばかりついている姿を子供たちに見せる訳にはいかない、そう思い決断した組織との決別。そして肩書きがなくなった瞬間、手のひらを返すように去って行く人たちに心を痛める毎日。その一つ一つが自分を強くしてくれた。一人ぼっちで闇夜を歩くような日々だと思っていたけれど、一人ではなかった。こんな世間知らずで、エゴと根拠のない自信で鼻持ちならない男を、沢山の人たちが助けてくれたのだ。自分は一人じゃない、支えてくれる家族、そして温かく手を差し伸べてくれる仲間が沢山いるんだ。会社という組織から離れて、初めて大切なものに気が付いた。それだけでアアルトコーヒーを始めて良かったと思った。例え店が潰れたとしても何の後悔もない、三十六歳にしてやっと人としての出発地点に立てたのだから。

「大人になるのは悪くない」この先子供たちにそう思って貰うために、これからも私はこの道を一歩ずつ歩いて行く。信じて進んで行けば思いは届き、願いは必ず叶えられるものだ。

店を持つということ

会社員時代はずっと営業畑を歩んできたから、一人で店を営むということが良く分かっていなかった。店を始めた頃は、自分から営業に行かなくても良いし、好きな音楽でも聴いて好きな本を読んで呑気に過ごせるなんて無邪気に喜んでいた。

焙煎機は自宅の倉庫に設置しているので、朝五時に起きて焙煎を始める。終わり次第風呂に入り、朝食を取って店へ向かう。開店時間に合わせ掃除やハンドピックなどを行う。売れていないのでローストする量も少ないし、人も来ないから店も汚れない。すぐに準備は終わり開店するのだけれど、一向に人の来る気配はない。早々にすることがなくなるので読書を始める。誰も来ないし電話も鳴らないから読書が進む。気が付けば一冊読破してしまうがまだお昼前。閉店時間まで何をすれば良いんだ、と頭を抱える日々が続いた。

パソコンもテレビもないし、新聞も置いてない。あるのはコーヒーと本と音楽だけ。こう言うと格好良いが、売り上げが立たない状態でこの環境はかなり心臓に悪い。外回りすることが出来たらどんなに楽だろうかと、あんなに嫌だった営業職を羨ましく思った。

モーニングサービスを始めようかな。新聞広告を入れようかな。煎りたて新鮮と書いたのぼりを店前に出そうかな。割引セールをしようかな。スポーツ新聞を置こうかな。考えることは開業前に、したくないリストに挙げていたことばかり。好きなものだけに囲まれているのに状況は最悪だった。幸せなものに囲まれていても、しくしくとお腹が痛くなる。店を持つというのはこういうことなのだ。でもそこから逃げ出すことは出来ない。是が非でも稼がなければ生活が出来ないし、店を続けていくことが出来ない。

丁寧に美味しいコーヒーを作ることが何よりも大切だと信じ、一層真剣にコーヒーと向き合うことを続けた。すると少しずつだがお客さんが増えていき、何とかコーヒー屋で生計を立てられるようになった。幸運なことに、したくないリストに挙げていることをせずに今日までやってこられた。でも明日はどうなるか分からない。誰も来ないことにお腹が痛くなったり、支払い額を見て頭を抱えたり、コーヒーの出来に心を痛めたり、そんなことを繰り返しながらこれからも店を続けていくのだろう。しかし続けていけることがどれほど幸せか、今の私は誰よりも良く知っている。会社を辞めて店を持って、私は少しだけ強くなった。

ロースターとして目指す場所

何も分からず始めたコーヒーロースターだけれど、最初から変わらない指針がある。それは最低限守るべきことであり、かつ最高の目標でもある。

「良い生豆を適切に焙煎して、新鮮なうちに適正価格で販売する」

自由というものに人一倍憧れているのだけれど、縛りがないと何も出来ない自分の性格は十分理解していた。厳格に決めごとを作っても決してやり過ぎではなく、むしろがんじがらめにするくらいでないと意味がないと、冷静に自分のことを客観視出来るくらい歳をとってから開業したのは良かったと思う。歳を取るのは決して悪いものではない。

最初に販売価格を決めた。会社での営業生活が長かった現実派としては、どんなに美味しくても毎日の生活に負担のかかるコーヒーはずっと買い続けられないことは分かっていた。だから、ちょっとだけ頑張れば飲み続けられるような価格にした。

そして銘柄にかかわらず、ブレンドもストレートも全て均一価格に決めた。少しの値段の違いで本当に飲みたいものと違うコーヒーを買ってしまう私のような小心者もきっといるはず。価格に左右されず好きなコーヒーを飲んで貰いたいと考えたのだ。だからコンテストに入賞したような良い豆があっても、価格が合わない場合は断念することに決めた。ロースターとしては焙煎してみたいし、コーヒー好きとしては飲んでみたい。しかしそれを始めるとどこまでもぶれていく意思の弱さを、誰よりも自分自身が一番良く知っていたからだ。

そしてその中で最良の生豆を仕入れることにした。師匠であるマツモトコーヒーの松本行広さんは「うちが扱うコーヒーは全部スペシャルティーコーヒーだ」と言い切るくらい良い豆しか扱わない。当時は何にも知らなかったので、松本さんの取り扱う生豆が普通だと思っていたが、それは大きな間違いだった。松本さんの豆は本当に全てがスペシャルだった。松本さんに出会えたことが最大の幸運であったことを後々思い知った。

次に販売日数を決めた。焙煎日を含め七日間、思い切ったものである。いきなりどこの誰とも知らないコーヒー屋の豆が売れるはずがない。最初のうちは、焙煎しては捨て焙煎しては捨ての毎日。コーヒー豆に申し訳なくて仕方がなかった。だけど決めたことは守らなければと、頑なに守り続けた。そうしているうちに販売量も増えコーヒー豆を廃棄することはなくなった。ブレンド二種、ストレート五種と絞りに絞った結果、数日で回転出来るようになった。そもそも七日間と設定したのは、焙煎してから七日目でも買ってくれたお客さんにとってはそれが一日目であり、買って一週間後には美味しさのピークを越えてしまうのが納得いかなかったからだ。

最終的に目指すところは、毎朝一種類だけ焙煎して売切れ次第終了する、町の豆腐屋のようなコーヒー屋になることだ。夕方にはその日焙煎した分を売り切り、学校から帰ってきた子供とキャッチボールでもしてからビールの栓を抜く。家族で食卓を囲みながら一日の話をする。早く寝て早く起きる、普通の毎日。それが私の目指すコーヒー屋だ。世界一美味しいコーヒーを作ろうなんて思ってもいないし、店を大きくしようなんて全く思わない。家族があり、友人があり、生活があり、コーヒーがある。それらを何よりも大切に慈しみながら日々を送るコーヒー屋になりたい。

思えば叶うはずだ。だから沢山自分自身に縛りを作っていこう。自由ではいられないし、いたくはない。目指すところがある今はそれから目を逸らそうとも逃げ出そうとは思わない。だって不自由さの中でないと自由なんて分からないだろうから。だから私は守るべき指針に縛られ続けていくんだ。

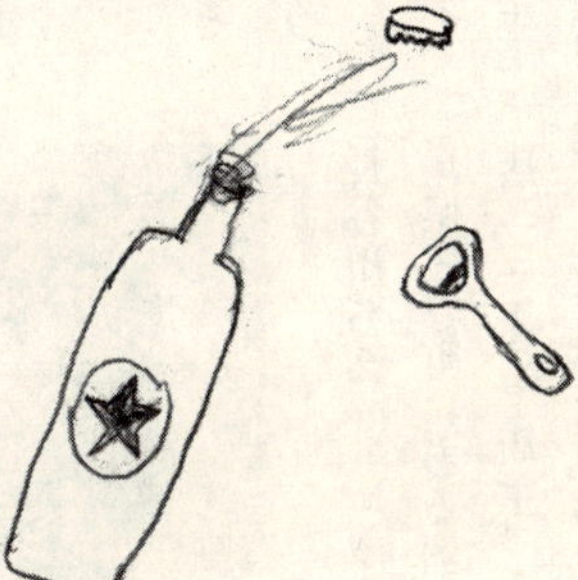

一人でお店をやるということ
対談・長谷川ちえ×庄野雄治

生まれも育ちも違うのだけれど、長谷川ちえさんとは馬が合う（と思っている）。同い歳だからかなあと考えてみたものの、合わない同級生が大半なのだから、それはたぶん違うのだろう。

二人同じ時期に弱っていたりする。そんな時に電話で話しをすると、不思議と心が軽くなる。それはちえさんが人間としてちゃんとしていて、気持ちが良い人だからなのだと思う。

同じ歳で同じように一人で商いをしているものとして、こんなに清々しい方とご一緒出来る人生はとても素晴らしいと思っている。こんなこと恥ずかしくて、ちえさんには面と向かって言ったことはないのだけれど。

長谷川ちえ／エッセイスト。福島県三春町にある器と生活道具の店「in-kyo」店主。大のコーヒー好き。著書に『おいしいコーヒーをいれるために』『器と暮らす』『ものづきあい』などがある。

出会いはお取り寄せから

長谷川（以下、長）　私はコーヒーが好きなので、色々なところのコーヒーを飲んでみたいんです。そんな私に友人が、ある雑誌で堀井和子さんが紹介されていたコーヒーを教えてくれたんです。紅茶党の堀井和子さんが、また飲みたくなるコーヒーとお勧めしていたのが気になったのですが、それがアアルトコーヒーでした。早速ここのコーヒーを買ってみようと思ってホームページを見たらシャレていて、ますます気になりました。取り寄せって普段はあまりしない方で、出来ることなら現地に行って自分で買いたい派なんだけどお店は徳島で。

庄野（以下、庄）　徳島って一体どこだって思いますよね。

長　いやいや、遠くてすぐに買いには行けないなって。それじゃあ取り寄せてみようとなって、何種類か頼んで送って貰ったんです。初めて飲んだ時はコーヒーが好きな人だけではなく、コーヒーが苦手だと思っていた人もゴクゴク飲めるような軽やかさが良いなと思いました。

庄　始めて間もない時期にちえさんから注文を頂いたのでびっくりしました。ちょうどその頃、コーヒー缶の製作の打ち合わせで工場がある浅草橋まで行く機会があったんです。当時、その近くの蔵前（現在は福島県三春町に移転）でちえさんがお店を始めたと聞いたので、お邪魔させて頂いたんです。

長　初めてお店に来てくれた時は、突然いらっしゃったんです。「アアルトコーヒーの庄野です」という感じで、個人的な購入からお付き合いが始まったんです。

庄　その後、ちえさんが参加したイベントで豆を売ってくれることになったんです。

長　イベントだと淹れられるコーヒーの数に限界があるから、豆を売らせて頂くことにしました。でもただ売るのはつまらないので、何か一工夫したいなと思っていたんです。そんな時、たまたま庄野さんのブログを読んだのですが、「何てロマンチストなんだ、庄野さんの文章面白い！」と思ったんです。それで庄野さんにも文章を書いて頂いて、一緒にミニリーフを作って豆を買ってくれた方に差し上げたんです。

お互いの顔が見えることの大切さ

長　食べ物って美味しければ良いのかもしれないけれど、それだけじゃないと思うんです。特にコーヒーは嗜好品だから自分がどれだけ楽しめるかが大切だと思うんです。だから焙煎人の方に会う機会があると面白い。「こういう人が作っている」というのが分かっているのは、ただ売るよりもずっと豊かな気がします。

庄　同じものを扱っているお店があっても、ちえさんのところで買いたいって思うのはそういうことを大切にしているからだと思います。個人店はイコール人だと思います。そうしないと大型店に負けちゃう。

長　お客さんはその土地に行けなかったとしても、自分が動ける立場にいると思うと、出来る限り会いに行きたい。それで「作家さんはこんなふうにして作ってたんですよ」というのをお客さんに伝えたいんです。その一言を聞いて使うのはゼロではないと思うんです。最近、何に関してもゼロではないと思うことがいっぱいあるんです。

庄　私もコーヒー教室で全国にお邪魔しているけれど、基本的に豆を売っているお店でやっています。まず自分のコーヒー豆を売っている店を見たいから。しかも普段通販で購入している各地のお客さんが教室に来てくれるんですよ。それが凄く嬉しいです。

長　こういう方たちが買ってくれていたんだなって、ずっとお店にいたら分からないですもんね。お客さんもこういう人が焼いていたんだなって分かると、よりそのコーヒーに愛着が湧くと思います。

庄　ブログにあんな格好良いこと書いているのに実際はこんな人だったのか、とがっかりされないと良いのですが（笑）。

コーヒーは笑顔で楽しく淹れるもの

長　去年のイベントでは一緒に並んでコーヒーを淹れて貰ったんです。その時に、庄野さんに話しかけられて飲んでいる人たちが皆笑顔なんです。それって凄いなと思った。コーヒー一杯で笑顔にさせちゃうのは。

庄　良いものを楽しく笑顔で飲んで欲しいんです。コーヒー教室をやると最初は皆しかめっ面をして淹れているんです。真剣なのは分かるけどそれじゃあ楽しくない。だから「笑顔で淹れてください」とお話ししています。毎日やるのにそんな真剣だと淹れなくなっちゃう。「失敗しても良いから、楽しく淹れてください」と言っています。

長　そう、誰にも迷惑かけないから。「不味いコーヒーはいっちゃったな」と自分で思うだけで。

庄　安定して淹れられないと良く言われるんですが、安定して淹れられないのが当たり前なんです。

長　前に、京都の老舗喫茶店のマスターが今日の出来は六割と言っているのを聞いて、こんなに長くやっている人でも六割なんだ。だったら、こんな素人が安定して淹れられる訳がない。それで良いんだと気が付いたんです。私はただコーヒーが好きで、楽しく淹れているだけで良いんだと思ったんです。

庄　もし安定した味のコーヒーが飲みたいなら、コーヒーメーカーで淹れれば良いんですよね。

長　でも私は、ハンドドリップで味が変わることが楽しい。

庄　ハンドドリップでやるのは、味を自分で調節出来るからなんです。常にぶれるから、それが面白い。私はただコーヒーが好きな人なんです。

長　庄野さんみたいに、純粋にコーヒーが好きな人に豆を焼いて欲しいです。

庄　私はロースターとしての時間よりも、コーヒーが好きで豆を買って飲んできた時間が長いので、気分は今でもお客さんです。豆を買ってくださるお客さんに失礼な話ですよね。

コーヒーがあったからこその出会い

長　コーヒーはお米と違って、なくても生きていけるはずなんです。変な話、コーヒーがなくても良い訳なんですよね。そのなくても良いはずのものにこんなに魅力を感じて、楽しいと思えるのは良いなって思うんです。私はコーヒーから派生して器に広がっていったり、コーヒーがきっかけで色々な人に出会うことが出来た。大袈裟に言うと、コーヒーがなかったら器って面白いと思うこともなかっただろうし、出会うことがなかった人も沢山いると思う。

庄　私も一緒です。コーヒー屋をやっていなかったら、こうしてちえさんとも出会っていないだろうし。コーヒーがあるから色々な人と会えるし、色々なところから呼んで頂ける。本当に幸せですね。

長　私は豆を焼いている人でもないし、喫茶店をやっている人間でもないのに、コーヒー屋さんが訪ねて来てくれるんですよ。

庄　アアルトコーヒーも個人で豆を買っていた方が、喫茶店や雑貨店を始めるから豆を卸して欲しいと、わざわざ徳島まで来てくれるんです。先日も埼玉でお店を始める方がご夫婦でお店に来てくれたんです。「徳島に遊びに来たついでに寄ってくれたの」と訊いたら、「アアルトコーヒーが目当てで徳島に来ました」って。

長　そういう熱って大事ですよね。お店を始めて、そういうことの大切さに気が付きました。こういう便利な時代だからこそ、そういう熱は凄く嬉しい。最近はメールでも簡単に連絡出来るから逆のことも沢山あって、私のところにも商品の提案をメールで頂いたりもします。でも、それを見て商品を仕入れて、お客さんに売りましたというのは、私がやらなくても良いかなと思うんです。

一人でお店をやるということ

庄　私なんかまだキャリアもないのに、本当に良いお客さんが来てくださっているなと実感しています。

長　大阪でアアルトコーヒーさんが参加したイベントにお邪魔した時に、徳島からお客さんたちが手伝いに来ていて、本当に愛されているお店だなと思いました。

庄　しかも全員、無報酬のお手伝いですから、本当にありがたいです。

長　私はずっとお店に不在で、一週間に一回くらい顔を出すとか、そんなことが出来ないんです。

庄　私も同じで、一人でやっているから、イベントに参加する時はお店を休んで行くんです。

長　閉めて行くのが偉いなって思います。

庄　最初はお店を閉めて他の土地に行くのが恐かったけれど、思いきって参加してみたら、お客さんは応援してくれるんですよ。「頑張ってるね」って。

長　温かい言葉ですね。

庄　お店を持っている人は分かると思うけど、閉めるのって恐いんです。閉めている間は売り上げがない訳ですから。お店を閉めてわざわざ経費をかけてイベントに行ったら売り上げ的にはマイナスなんだけど、色々な人に会えるというのは物凄いプラスなんです。でも本当に良いお客さんが来てくださっているんだなと思うのは、売り上げが減ったかと言えばそんなことはないんですよ。営業している日に来てくれるんです。

長　in-kyoも我がまま営業です。週休二日だし、夏休みや冬休みも長く取る。お客さんには申し訳ないなと思っているんです。でもそこで自分にたっぷり栄養を与えて、栄養を付けた分はしっかりお店に還元しようと思っています。

もっとコーヒーを好きになって貰うために

庄　私は元々会社員だったから、きちんとしないといけないと思っていたんです。でも朝五時に起きて豆を焙煎して営業していると、夕方くらいに今日はもう駄目という日もあって。前は最後まで開けていたけど、最近はそういう場合は早めに閉めちゃうんです。そこで無理して人を雇って無休で営業したり、大きくはしたくないんです。

長　私も混んだら一人じゃ出来ないし困る（笑）。東京の東の外れにある蔵前という場所はのんびりしていて、そのペースが自分には合っているようです。ついでがあるような場所ではないと思うのですが、遠くからわざわざ足を運んでくれる方も多くて。本当にありがたいことです。

庄　私も全く同じ思いですね。毎月二〇〇グラムの豆を通販で買ってくれる方がいるんですけど、送料を考えたら定価の倍近い金額になってしまうんです。それでもわざわざ買ってくれるんですから、裏切れないですよ。ちゃんとしたコーヒー豆を気合い入れて焙煎しないと失礼だって思います。そう思うからこそ大きく出来ないです。良いコーヒー豆を適正な価格で売っていきたいです。本当は良いコーヒー豆屋が近所にあったら良いのになと思っています。取り寄せまでしてコーヒー豆を買わなくたって。昔みたいに豆腐は豆腐屋、パンはパン屋に買いに行くようになったら良いのになと思います。今みたいに全て大型のスーパーマーケットで買うようなことがなかったら、変に物の価格は下がらないはず。そうなれば町の小さなお店もちゃんと生活が出来るようになると思うんです。

長　たぶん無理に拡大しようとするから、滞るところが出てきちゃうんですね。

庄　今五キロの焙煎機で焙煎しているんですけど、売れるからと二十キロの焙煎機で煎り始めたらもう味造りは出来ない、ただの工場になってしまう。安定したコーヒーは出来るけど、個性はなくなってしまうと思うんです。それをやるなら私でなくて良いと思う。私が焙煎しなかったらアアルトコーヒーじゃなくなる、他の人が煎ったら絶対に味が変わってしまうんです。皆違うからこそ、町に一軒ずつ豆屋があったらなと思うんです。それでお客さんが好きな豆を選択出来たら良いんです。だからお客さんに「いつも飲んでます」と言われたら、「いつもじゃなくて良いので、色々なところの豆を買って飲み比べてみてください」と言っています。

長 これが美味しいというのが人によって違いますしね。

庄 でもお客さんからは「そんなことを言うなんて変わってますね」と言われます。でも、違うんです。色々な豆を試してコーヒーのことを好きになってくれたら回り回って、またアアルトコーヒーの豆を買ってくれるかもしれない。だから自分のために言っているんです。

長 それでまた買いに来てくれたら、尚のこと嬉しいですよね。

庄 兎に角沢山の人にコーヒーを好きになって欲しいんです。私が色々なところでコーヒー教室をやらせて頂いているのも、もっと沢山の人たちにコーヒーを好きになって欲しいからなんです。

長　今まで自分でコーヒー豆を買って淹れたことがなかった人が、自分で淹れてみようと思ってくれたら、それは凄いことだと思います。

合い言葉は余裕です！

庄　私のところにもたまに若い人が相談に来ます。「どうやったらお店出来るんですか」と訊かれるから、まずお金を貯めることが大切だと話しています。お金を貯めるというのは、覚悟を決めるということだと思うんです。お金があったら、やりたいことがすぐに出来るじゃないですか。逆に言うと、開店するためのお金を貯めることが出来ない人は、自営業を始めたって続かないと思うんです。

長　お金と言うと何だか聞こえが悪いように思われるけど、そうじゃないですよね。それに、どこに本気になれるかというのも大切。もうそこには戻りたくないなって場所があるのも原動力になると思うんです。私はとても忙しい会社で働いていたんですが、あれをもう十年やれと言われたら絶対に出来ないと思う。その時と同じ仕事をやらないといけないとしたら、自分が好きなことをやるために何でも出来るという気持ちはあるな。

庄　そして大切なことと言えば、健康ですかね。

長　体は大切！

庄　始めるのはお金を貯めれば出来るけど、続けることが何よりも大変。

長　続けるというのは、つまり毎日ってことなんです。一人でやるというのは代わりがいないってことだから、体は大切ですね。以前、会社勤めの頃に良く母親から「そんなに無理しない方が良いのに」と言われていたんです。その時は「無理しないとやっていけないんだ」と思っていたけど、その意味がようやく分かった気がします。無理をしないというのは怠けるということではなくて、続けるために必要なことなんだなって。

庄　それは良い加減というやつですよね。良い加減というのは、加減が良いってことだから。良い言葉だと思います。

長　無理と言うのは、眉間に皺寄せてやっているようなことだと思うんです。

庄　自営業を始めてから言わないようにしようと決めているのは、忙しいという言葉。

長　一緒です。庄野さん、私も！　忙しいと大変はあまり言いたくないです。忙しいと言ってしまうのは、言い訳していると思うんです。私よりも忙しい人は沢山いますから。好きなことで仕事させて貰っているから、忙しいなんて言えないですよ。

庄　私は「余裕です」と言うように心がけています。

長　良いですね、私もそうしよう。「余裕です！」

長谷川ちえさんと話しをするといつも、一人で商いをするものとして忘れてはならない、大切なことを思い出させてくれる

アアルトは魔法の言葉

「何て読むんですか。何語なんですか」と九割以上の確率で訊かれる。「名前はフィンランド語で……」と答え始めると、「フィンランドが好きなんですか」と大抵は名前から北欧の話に変わり、由来はどこへやら四方山話に花が咲く。とは言っても由来に大した理由がないから、最後まで訊かれない方がありがたかったりするのだけれど。

【aalto coffee　アアルトコーヒー】

本来はアールトと表記するらしい。フィンランド語で波を意味し、偉大なる建築家アルヴァ・アールト氏の名前として有名なのだが、私は建築の勉強や仕事をしていた訳でもなく、フィンランドが特別好きだった訳でもない。娘が生まれた時に気に入って買ったベビーチェアが、アルヴァ・アールト氏が設立した家具ブランド、アルテックのものだったことがそもそもの始まり。当時は家具に興味がある訳でもなかったので、アルテックのことなんて全く知らなかった。しかしその椅子に娘を座らせた瞬間、それまで泣いていたのがすっかり笑顔になり、ご機嫌に手を叩き出したのだ。その光景はあまりにも幸福に包まれていた。それはアアルトに魔法をかけられた瞬間だった。

その出来事の直後、私は焙煎機を買った。会社員にとってはとても高価なものだったので焙煎機に名前を付けようと考えたのだが、アアルトの魔法にかかったままだった私はその焙煎機をアアルトと名付けることにした。「アアルト君、今日から宜しく」なんて焙煎機に声を掛ける、生まれたばかりの娘を持つ三十歳を越えた男。とても気味が悪かっただろうが、名前を付けるとより愛着が湧いた。

そうこうしているうちに、コーヒー豆屋を開業する段階まで漕ぎ着けた。この時になって初めて屋号がないことに気が付いたのだ。それまではショーノコーヒー（仮）などと適当に名乗っていたのだが、自分の名前というのもどこか照れ臭い。アアルト君がローストしてくれているのだからアアルトコーヒーで良いんじゃない、という具合に自然と決まったのだった。奇しくも開店日の二月三日はアルヴァ・アーアルト氏の誕生日であった。

我ながら良い名前だと思い、とても気に入っているのだが、世間的にはアルヴァ・アールト氏はそんなに有名でなかったようで、しばらく同じ質問が繰り返された。最近はめっきり訊かれることも少なくなった。多少は名前が浸透したのか、はたまた新しいお客さんが増えていないだけなのかはとりあえず置いておこう。

こんな話をするとアルヴァ・アールト氏、北欧好きの方々はがっかりしてしまうかもしれないが、本当はこんなところ。だけど名前は重要だ。この名前にしたからこそ、北欧好きの方や建築関係の方に興味を持って頂き、沢山の人と知り合うことが出来た。もしもアアルトコーヒーでなかったら、こんなにも幸せな毎日を送っていなかっただろう。私はまだアアルトの魔法にかかったままなのだ。そして今では、アアルトは私に力を与えてくれる魔法の言葉になった。そう、言葉には力があるのだ。

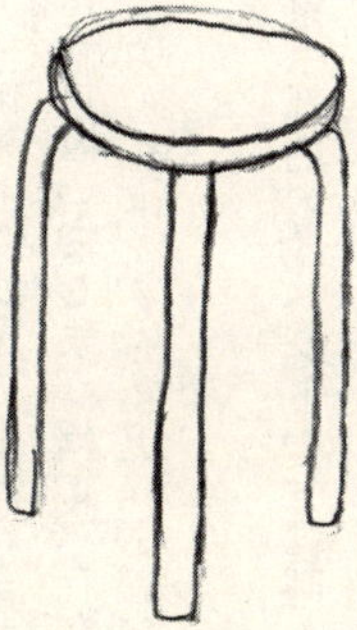

徳島のアアルトコーヒー

徳島のアアルトコーヒーと紹介されることが多い。それを見ていつも思うのは、徳島以外にアアルトコーヒーがあるのか、ということではなく、一体どれくらいの人が、徳島はどこにあるのか認識しているのだろうということだ。

物心付いた頃から、ここがかなりの田舎であることに薄々気が付いていた。大学生になり県外に出て、それが確信に変わった。福島県や徳之島に間違えられることは当たり前。そもそも四国自体の認識すら怪しい。だから、「徳島って四国の東側だよね」と微妙なことを言われても、「良くご存じで」と相手に一目置いてしまうほど、存在感の希薄な県なのだ。だから「徳島の」と付けることにより、余計に存在を分からなくさせているのではないかと思ってしまう。

しかし知られていないからこその利点も多い。東京都内のイベントなどに呼んで頂くと、徳島からやって来るなんてことが想像出来ないため、自然と期待を高めて貰える。わざわざ徳島から東京のイベントに呼ばれるなんて、もしかしたら凄いんじゃないのか

アアルトコーヒーが営む、徳島の眉山からの風景。広く高い空と綺麗な空気、美味しい水は、都会では得られない宝物だ

と勘違いをして貰えるのだ。

これが横浜のアアルトコーヒーや京都のアアルトコーヒーでは、「そんなコーヒー屋もあるんだ」で終わってしまうような気がする。常に未知の強豪であるためには、マイナーな町にあることが望ましい。旅行のついでとか、親戚に会いに行ったついでにとか、そんなことがない限りまず立ち寄ることのない町なら最高だ。そうするとそれはもはや弱みではなく、圧倒的な強みになるのだから。

開業をお考えの皆様、是非田舎で頑張ってみませんか。このことはまだ殆どの人に気付かれていないので、もれなく未知の強豪の称号が付いてきます。

ロースターはロマンティックな仕事

コーヒー豆の焙煎を生業にするものにとっての醍醐味は、オリジナルブレンドを作ることだろう。例えば綺麗な酸味があり、少しのコクがあるのだけれど重くはなく後味のスッキリしたコーヒーをイメージしてみる。それに合わせて、産地や焙煎度合いの違う豆を混ぜる。少しの違いで香味は変わるから、いかに自分のイメージとぶれないようにしていくのかが重要になる。何だか難しそうに感じるかもしれないが決してそんなことはなく、とても楽しい作業なのだ。世界でたった一つの香味を作ることが出来るのだから、楽しくない訳がない。

足したり引いたりを繰り返し、少しずつ自分のイメージするものに近付けていく。ブレンドを作る作業は、音楽の編曲と良く似ていると思う。ここでピアノを、そしてギターを少し、という感じ。全てが上手く調和してイメージ通りに着地すれば良し。たまには自分のイメージとは違うけれど、とても美味しいものが出来る場合もあったりする。それはそれでまた良しという気分になる。

しかしコーヒーは農作物であるために同じ産地の豆であっても毎年香味が違うから、永遠に完成することはない。これは最高だと思っても同じ豆が来年もある保証はなく、また最初から始めるという、繰り返しを繰り返すことになる。だからこそイメージが大切なのだ。ブラジル・コロンビア・グアテマラ・マンデリンを一対一のようにマニュアル的にブレンドしていると、毎年違うものになってしまう。イメージに近付けるために、毎回その配合を変えていく。それは永遠に終わらない旅のようなものだ。

ストレートの焙煎とは、豆が持っている最良の姿を出せるようにお手伝いをすることであり、いくらそのコーヒーが美味しくても、それはその豆が元来持っている力である。一方、ブレンドはロースターが持っている感性を全て注ぎ込み作るものだ。無限に広がる世界がそこにはある。これをロマンと言わずして、何と言うのだろう。死ぬまで完成を追い求め続ける仕事に出会えたことを、私は誇りに思っている。コーヒーロースターはロマンティックな仕事なのだ。

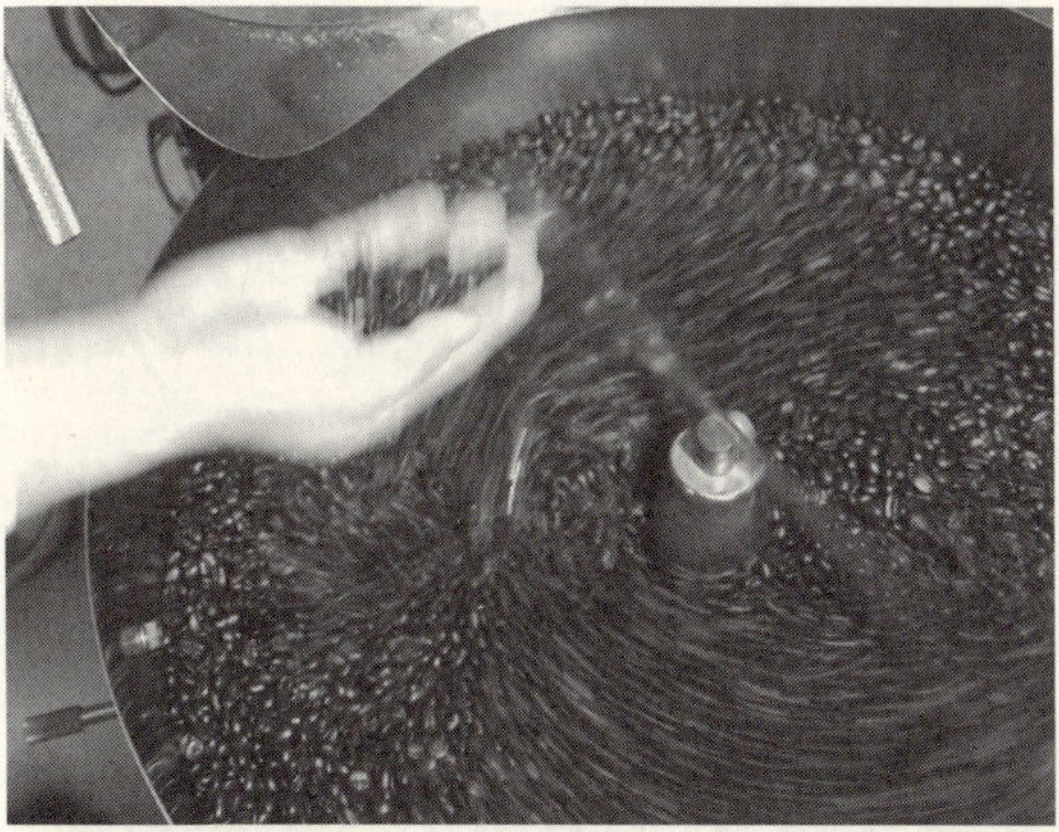

コーヒーは農作物だから、同じ産地のものでも毎年その香味は
変わってしまう。完成することがないからこそ、焙煎は面白い

時計と時間

時計を持たないと話をすると驚かれることがある。こだわりがあるとか主義だというのでは全くない。そもそも自営業になってからそうなった訳ではなく、会社勤めの頃からそうだったのだから。

学生時代に時計の一つも持っていなかったから、社会人になる記念にと祖母が腕時計を買ってくれた。最初のうちは腕時計を付けていることを何とも思わなかったのだけれど、慣れない日々に気が張っていたこともあったのだろうか、何だか時計に縛られているような気がしてしまい、いつしか左の手首から時計は消えていた。旅行会社の営業職でしかも添乗業務も行う新入社員が時計をしていないなんて、あり得ないことだ。上司から何度か注意を受けたけれど馬耳東風を決めこんでいると、次第に何も言われなくなった。それを了解と勝手に解釈し、時計を持たない日々が続いた。

不便かと言われれば、それが案外そうでもない。意識してみると時刻は至るところにある。車に乗れば時計があるし、カーラジオは時報で時を知らせてくれる。オフィスの壁には大きな時計が掛かっているし、パソコンの画面には時刻が表示されている。何より私以外の殆どの人は腕時計をしている。日本で暮らしている限り、時刻を知るのに困ることはない。

逆に時計をしていないから時間に敏感になり、遅刻をしなくなった。早朝に起きなければならない時は念のためにアラームをセットするのだけれど、必ず鳴り出す数分前には目が覚めてしまう。生真面目なんだか小心なんだか、自分でも笑ってしまうくらいに正確に目が覚める。体内時計は時間そのものを意識すると鋭くなるようだ。人間の本能も捨てたものではない。

そんな私も、焙煎を始めた頃は人並みにストップウォッチを片手に、分間の温度上昇や煎り止め時間を丁寧に記録していた。焙煎日時や室内温湿度をコーヒー豆の種類ごとに専用ノートに書いていく。しかしコーヒーはちっとも美味しくならなかった。えぐみがあり後味の悪さと言ったらどうしようもなく、飲めたものではなかった。先人から助言を頂いたり本を読んだり、ありとあらゆることを試みたのだが、コーヒーは一向に美味しくならない。

焙煎機も可哀想だし、せっかくの良い生豆を台なしにしていることに猛烈に腹が立った。腹が立ったからといってコーヒーが美味しくなる訳でもなく、次第に怒りは悲しみと絶望に変わっていった。そんな暗黒の世界にいた私を見かねて、師である松本さんがこう声を掛けてくれた。

「記録はしているけど、ちゃんとコーヒーを見てるか」

記録することに集中をして、温度計とストップウォッチばかり気にしていたことを指摘してくれたのだ。一分間ごとに上がる温度を記録しないといけないと思い込んでいた私に、コーヒー豆を見る余裕などあるはずもない。今思えば至極真っ当なことなのだけれど、目的のための手段だったものがいつの間にか目的になってしまい、大切なことを見失っていた。美味しいコーヒーを作るためにと記録し始めたはずなのに、記録することが大切になり本質が見えなくなっていたのだ。

次の日から記録するのを止めた。生豆を量り焙煎機に投入後、ストップウォッチを押し、後は火の状態と豆だけを見る。段々と色が変わっていき、はぜる音が豆の状態を教えてくれた。

大切なものから目を離さないこと、ただそれだけ。大切なことはいつだって単純なのだ。そうしていくうちに少しずつだけれどコーヒーが美味しくなっていった。上達が実感出来ると嬉しくて、焙煎を繰り返した。そして、いつしかストップウォッチも持たなくなっていた。今は何となくだけれど、豆の状態が分かるような気がしている。耳を澄ましてコーヒーの声に耳を傾ければコーヒーが教えてくれる。「もう少し火を強く、もう少しだけ」って声が聞こえる。

四十歳になった今でも、相変わらず腕時計の一つも持っていない。さして不便がある訳ではないので、これからもきっと時計を買うことはないだろう。そんな生活が送れていることを、ちょっとだけ誇らしく思っている。

笑顔が溢れるコーヒー教室

コーヒーの淹れ方教室を行っている。嬉しいことに最近では全国各地から声を掛けて貰えるようになったが、当初は散々な内容だった。どうだ凄いだろうと言わんがばかりに、今まで勉強してきたコーヒーについてのうんちくを羅列するという、世にもつまらない教室だった。自分でもそう思うのだから、お客さんはたまったものではなかっただろう。

しかし次第に、これは違うということが鈍感な私にも分かり、内容を変えていった。お客さんが知りたいことを分かり易く伝えることが何よりも大切だということに気が付いたのだ。言葉にすると簡単だが、これが意外と大変だった。コーヒーロースターとしてはこうして欲しいと思っていても、飲まれるお客さんの好みはまさに千差万別、全員が私の好むコーヒーが好きなはずもない。

いつものお家のコーヒーが美味しくなる小さなコツを見付けて欲しいから、普段使っている道具を持参して貰う。荷物になるのだが、サーバー、フィルターからポットまで一式。一同に沢山の器具が揃うのでとても楽しい。サイフォンやネルを持って来た方もいたが、失礼ながらそれは置いておいて頂いて、毎日簡単に淹れられるペーパーフィルターで教室を行っている。フィルターと言っても、コーノにハリオにメリタ、ケメックスやドーナッドリッパーにボンマックとまさに色取り取り。ポットだって月兎印はもちろんユキワにタカヒロ、メリタにアラジンと様々。中には金物のヤカンを持って来た方もいた。

皆で淹れてみて、どの道具を使ったら自分の好みに合ったコーヒーが簡単に淹れられるかということをやっているが、これが実に楽しい。互いに淹れたコーヒーを飲んでみて、あれこれ感想を語り合いながら進めている。コーヒーを淹れたことがない方にも、何十年と自分で淹れて飲まれている方にも、コーヒーがいかに自由な飲み物かということが実感頂けていると思う。

湯の温度やコーヒー豆の量や挽き方はもちろん大切なのだけど、一番大切なのは笑顔で楽しく淹れること。たかがコーヒーじゃないか、しかめっ面をして淹れてどうなるというのだろう。日本中色々なところで沢山の笑顔が溢れるよう、私はこれからもずっとコーヒー教室を続けていきたい。

いつものコーヒーが美味しくなるよう、そして
楽しく笑顔が溢れるよう教室を続けていきたい

豆腐屋みたいなコーヒー豆屋

店を始めてすぐにコーヒー缶を作りたいと思った。上等な袋を使い捨てにするのは勿体ないと思うのと、コーヒーは日常品でありわざわざ専門店に買いに来て頂ける数少ない食品の一つなので、昔の豆腐屋みたいに桶を持って買いに行くように出来ないものかと考えたのだ。

最初はガラスの密封瓶を販売してみた。保存には最適なのだが、いかんせん重い。数種類のコーヒー豆を買いに来るお客さんが、何本もの瓶を抱えて来店する光景は、売った当人としてとても申し訳ない気持ちになった。

そこで軽量の保存缶を作ろうと考えた。考えたのだけれど、これが中々大変だった。缶は工場のラインで作るため最低でも三千個からと、兎に角ロットが大きいのだ。十坪の店いっぱいに缶が積まれた状態を想像してただ笑うしか出来なかった。そんな事情でこの時には製作は実現しなかったが、缶を作りたい気持ちは増していくばかり。いつか世界一格好良いコーヒー缶を作るんだ、とことあるごとに呪文のように繰り返していた。

するとひょんなことがきっかけで、少量でも作ってくれる工場が見つかったのだ。言葉にしているといつか願いは叶うものだと感動したことを、今でもはっきりと覚えている。

デザインはイラストレーターの佐々木美穂さんにお願いし、工場の加藤俊司さんと打ち合わせを繰り返した。佐々木さんのアイデアで大と小の二種類を作ることにし、そして深みのあるショコラ色のボディーに、コーヒー豆の絵と手描きによる"aalto coffee"の文字をシルバーで入れた。約半年の試行錯誤の末、念願のオリジナルコーヒー缶が完成した。

今では缶を片手にコーヒー豆を買いに来てくれるお客さんはもちろん、プレゼント用に購入してくれるお客さんも増えた。最初は豆腐屋のようなコーヒー豆屋なんていう、ちょっとした思い付きで作ったものだったが、今ではアアルトコーヒーにはなくてはならない大切なものになっている。これも全て素敵なデザインをしてくれた佐々木さんと、少ない数にもかかわらず丁寧な仕事をしてくれた加藤さんのおかげだ。

日本中の幸せなキッチンの片隅に、この世界一格好良いコーヒー缶があることを想像すると、嬉しくて思わず笑みがこぼれてしまう。

豆腐屋みたいなコーヒー屋にしたいと考えて作ったオリジナル保存缶。この缶を手に来店くれると、つい笑顔になってしまう

四季を愛でる焙煎人

焙煎所として祖父の住まいの庭にある倉庫を間借りしている。本来は家の横にある小さな畑で季節の野菜を作るための道具や機材を置くために建てられたものなので、冷暖房の設備はない。

営業終了後からでは一日の色々なことを引きずってしまうような気がするので、焙煎をするのは朝と決めている。前日までにどんなことがあったとしても、朝早く起きて焙煎機に向き合う。すると素晴らしい日になりそうな気分になる。それは澄んだ空気と、名残り惜しそうに早朝の空に浮かぶ月のおかげかもしれない。

倉庫の地面はコンクリートの打ちっぱなしだ。そのため冬の寒い日は体の芯から冷え、震えながら焙煎機に火を入れる。冷えた釜を安定させるためには、容量いっぱいで最高の温度まで上げる必要がある。一釜目は深煎りのブレンド五キロを二二〇度で釜出しする。色付いたコーヒーが白煙と共に冷却機の中で回る時に放たれる熱気で、私の体温も気持ちも上昇していく。何釜か続けていくうちに焙煎機からの熱により倉庫中が暖かな空気に包まれる。湿度も気温も低く釜の温度調整がし易いため、冬の焙煎はぶれが少ない。

さらに辛いのが夏の焙煎だ。真夏ともなれば、五時に起きた時点で既に気温は三〇度手前まで上がっている。タンクトップに短パンという避暑地で過ごすような格好で焙煎機の前に屈み込みスイッチを入れる。釜が回り始めるとおもむろに点火。この時、もう額にはうっすらと汗がにじんでいる。焙煎中はこれと言って何かをする訳ではないのだが、温度上昇を確認しながら火力や排気を調整する必要があるから、焙煎機から目を離す訳にはいかない。釜の中の温度を計る温度計の表示が上昇する度、それに釣られて体温も上昇していくように感じられる。

真夏でも一回目の焙煎は深煎りのブレンド五キロと決めている。鳴き始めたクマゼミの声と共に上がり続ける温度、この時点で喉はカラカラだ。台所に行きコップ一杯の水を飲み干すがすぐに汗となり流れ落ちてしまう。倉庫内の温度はゆうに四〇度は超えているだろう。冬場なら三分程度で冷めるコーヒー豆がいつまでたっても熱を持ったまま冷却機の中でクルクル回っている。三回目を越えるとコーヒー豆を投入しても釜の温度は全く下がらない。もちろん倉庫内の温度も下がらない。この頃には残っていたアルコールも汗となりすっかり流れ出ていく。夏場は熱い飲みものが好まれないからコーヒー豆が売れないと言われている。でも本当の理由はコーヒーロースターが焙煎したくないからではないかと思ってしまうほど、夏の焙煎は厳しいものだ。

この焙煎所は快適とは言い難い。だけど一年中温度を管理された部屋で焙煎をするのは嫌だ。私は安定したコーヒー豆を作りたい訳ではない。四季がある日本で生まれて日本で育ったからこそ、季節を愛でながら、季節に愛でられるコーヒー豆を作りたいと思っている。

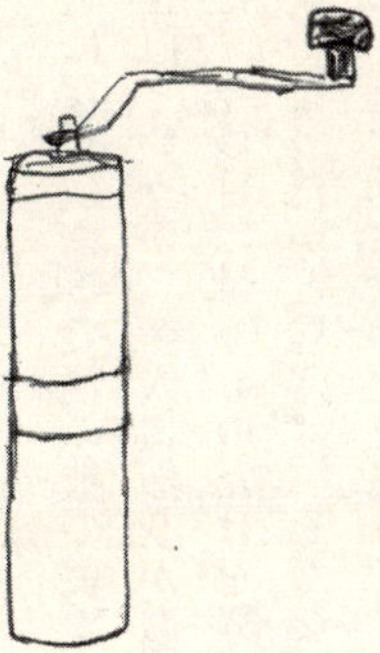

ポップコーンひとかけら

焙煎したばかりのグアテマラの中にポップコーンが一つあった。程度の良い生豆を仕入れているから、あまりハンドピックをしなくても欠点豆や異物の混入は少ない。とは言え、焙煎前にザルの上で木片や石などが入っていないかどうかの確認は必ず行っている。

焙煎を始めたばかりの頃は血眼になり、まるで親の敵のように欠点豆や異物を選別していた。生真面目というか馬鹿正直というか、新人にありがちな融通の利かない、肩に力が入ったマニュアル人間だった。今は目に付くものだけを軽く取り除くことにしている。怠慢になったから美味しくなくなったかと言えば、そんなことはない。逆に生真面目男のコーヒーよりずっと美味しく魅力的になったと思う。

コーヒーロースターの間では欠点豆が入ると味が台なしになるというのが定説となっている。確かに木片や石などの異物や虫食い豆や腐敗した豆をそのまま焙煎してしまうと香味に影響が出るし、焙煎機を傷めることにもなる。だから焙煎前後に二度ハンドピックするのが望ましいとされている。

でも私は、焙煎後のハンドピック中に石や木片が出てきたりするとちょっと嬉しい。ハンドピックはどうしても単純作業になりがちなため、気が付くと眉間に皺を寄せてしかめっ面で行っていることが多い。集中力を要する作業だから仕方がないが、そんな中で異物を見付けると、緊張が緩和され表情が自然と緩む。きっとコーヒー豆たちも睨み付けられているよりは、笑顔と向き合う方が良いはずだ。

本来ならハンドピックの対象になる大きさの違う豆や焙煎度合いの違う豆は、取り除かずに見逃すことにしている。同じように均一に揃えられた豆より個性的な豆が混ざっている方が、今の私には魅力的に感じられるからだ。教科書通りの安定したコーヒーも良いだろう。だけどそれは私の作るコーヒーじゃない。不安定だけれど優しさや希望に溢れたコーヒーが良い。そんなコーヒーが私のコーヒーだ。

コーヒー豆の中に混じった一つのポップコーン。つまんでニッコリと笑えるコーヒーロースターでありたい。

ショーノユージ

七夕生まれだと言うと、だからロマンチストなんだねと言われる。でも本当はロマンチストだから七夕に生まれたんだ。

恥ずかしいことに高校生の頃、自分の世界の半分は佐野元春で出来ていた。英語が全く出来ない。出来ないからこそ良いこともある。歌詞が分からないからブルース・スプリングスティーンだって平気で聴ける。その上ちょっと感動することも出来る。旅行会社に十年勤めた。今考えるとでたらめな社員だった。英語が出来ないくせに色々な国に添乗員として同行した。そして身に付けたことは、度胸とガッツがあれば大体のことは何とかなるという変な確信。

好物は後に残しておくタイプだった。だけどそう言われることが意味もなく嫌で、そんなことないよと言っていたら、その料理が食卓に並ぶことがなくなった。母はそんな私の性分を良く分かっていたと思うのだけれど、それでも何も言わない私を見て、何も言わなかった。そして食卓から好物が一つ減ったまま現在に至っている。強情を張っても良いことは何もない。中学生の時もそんな性格だったため、好きだった女の子に振られることすらなかった。

店内にはいつも少し変わった音楽が流れている。だからこだわりの人と思われているらしい。勝手にジャズや映画が好きだと思われているが、ジャズは殆ど聴かないし、映画は全く観ないときている。

読書は好きだが読む殆どがミステリー小説なので、純文学の話をされると良く分からない。だけど何となく勘で答えているとそう的外れでもないらしく、会話が続いたりすることがある。きっと本を沢山読んでいるから、知らないうちに読解力が身に付いたのだろう。どんな本でも沢山読んだ方が良いものだ。

夢のない子供だった。学生時代はもちろん成人してからも、夢も希望もない毎日だった。それが不幸だったかと言えばそうでもなく、そんなものだと思っていた。その反動なのだろうか、今はやりたいことで溢れ返っている。短編ミステリーのアンソロジーを編みたい、音楽レーベルを作りたい、年に一度家族でハワイ島に行きたい。

いつからだって夢は見られる。どこにだって希望はある。世界が歪んでいると思っていた、正しくないと。でも気が付いた、歪んでいたり正しくないことも必要だってことを。丸くなったのではない。ただ視野が広がり自分の許容範囲が広がっただけなのだ。

コーヒー豆だけを売って暮らす。定休日を日曜にする。コーヒーを淹れることで日本中を旅する。開業前から言っていたこと。笑われたり馬鹿にされたりしていたけれど、ゆっくりと実現している。思い描くこと。声に出すこと。そして、そのことから決して目を逸らしたり逃げ出したりしないこと。そうすれば必ず道は開かれる。

振り返れば、恥を掻くことから極力逃げてきた。だからこれからは誰よりも恥を掻いて生きていこうと思う。分からないことは分からない、知らないことは知らないと言おう。知ったかぶりはもうしない。出来なさそうなことにも挑戦してみよう。せっかく海のそばで暮らしているのだから、五十歳になったらサーフィンを始めようと密かに思っている。出来なかった時のことを考えるのはもう止めよう。失敗したことを笑って話せる人になろう。そう、私の半分は佐野元春で出来ているのだから。

aalto
Coffee

Bonus track

だから今日もコーヒーを煎る

残るもの、残らないもの

新しいことをすると古くなる。それは音楽や小説が教えてくれた。古びることは悪くないし、忘れ去られるものがないと情報に世界は押し潰されてしまう。新しいものを作ろうとするのは、古くなるものを作るためなのかもしれない。それは無為なことなのだろうか。

私は消えてなくなるものを作ってきた。どれだけ良いコーヒーを作ったとしても、コーヒーは時間が経てば酸化するし、飲むとなくなる。だから本を作る時は、ずっと残るものを作りたいと思っている。新しいことはしないし、風俗や固有名は出来るだけ使いたくない。良いとか悪いとかではなく、自分の中でバランスを取るために必要なことなのだ。

そんなことを思いながら毎日せっせと、消えてなくなるコーヒーを作っている。その潔さが、儚さが、私には合っている。

ミーは眠る

主人がいなくなったアパートの部屋の前、ポストの上に誰かが敷いてくれた毛布の上で丸くなって眠る、太り過ぎのミー。長い歴史があっと言う間になくなっていく様を見る。火には敵わないのか。いや水は火よりも強し、水は最強である。

ずっとあるものなどこの世にないはずなのに、それがあると思うのは、どういうことだろう。

ミーは主人がいると思って、部屋の前のポストの上にいるのだろうか。猫は部屋につくと言ったのは誰だ。ミーは待っているのだ、頭を撫でてくれる細く白く皺だらけの小さな手を。

七時から回り続ける焙煎機は、十五時十五分現在も回り続けている。「永遠に止まらないんじゃないのかしら」と言うと、「明けない夜はない」と妻が真顔で言う。吹き出しそうになった私。笑えるじゃん、まだ大丈夫だ。

春は獰猛で若き匂いを撒き散らし、世界の果てまで加速していく。そんなことはお構いなしに、ミーは眠る、眠る、眠る。

何もない方が良いのではない

財産がある人は、奪われないようにするために人を信用出来なくなる。知識がある人は、自分の知っていることを知らない人を見下すようになる。もしかして人が生きていく上で、色々なものは邪魔なのかもしれない。そんなことを思ってしまうくらい、不安になる時が人にはある。だけど大丈夫、その不安は成長しているってことだから。何もないということは、幸せだという感情さえも知らないということかもしれない。不安な気持ちと幸福である状況は表と裏、同じものを違う角度から見ているだけ。

不安である感情に押し潰されそうになる時がある。そんな時は、「成長してるんだ今」と自分に暗示をかける。何度も繰り返しているうちに、心は強くなる。でもね、ヤバいと思ったら速攻で逃げるんだ。

やっぱり何もないのはつまらない。何でも良い、夢中になれるものを見付けたい。ずっとなかった私は、結婚し子供が生まれ家庭が出来た。家族愛というものが人より薄い。ナショナリズムなど、全てのそういう感情が希薄だ。けれど、彼女、彼らのために頑張っている今は、幸せだ。

センスなどさほど重要じゃない

センスって何だ。センスが良いとか悪いとか、誰の基準なんだ。いや、別にぼやいている訳ではない。

センスが良いと言われていた店が、規模を大きくするにつれて「アレ?」と感じるようになっていくことがある。音楽でも小説でも映画でも、同じかもしれない。大衆に広がれば、センスが良くなくなっていく、そんな感じがしている。

いやいや、そんな訳はない。少しの人たちの間でもてはやされるやり方と、多くの人たちに届ける方法が違うだけのこと。どちらが良くて、どちらが悪いという訳ではない。要は、望まれるものをきちんと作れているかどうかだけだ。

実力のなさを、何も出来ない自分の無力さを、センスという言葉で逃げるな。楽をするな、自分。コーヒー屋はお客さんに喜ばれるコーヒーを作り、その利益で生活する者のことだ。センスなんかいらない、私はただ美味しいコーヒーを作りたい。

届けたい人に、届けたいのだよ

コーヒー屋になった時、お客さんは一人もいなかった。だから、ポッリポッリと来てくれた人にだけ向かって仕事をした。所謂、見込み客と言われている人や、まだ見ぬお客さんのことを考えたことがなかった。故に、宣伝広告費は一円も使ったことがない。お客さんがいないという人がいるが、そんなことはない。一円も売り上げがない日もあるかもしれないが、一人も来店しない日はないはずだ。目の前のお客さんを見ること。全員が気に入ってくれる訳ではない。でもね、気に入って何度も来てくれる人もいる。

その人たちの言うことを聞きなさいと言っているんじゃない、むしろその逆。お客さんは何かを得ようとやって来てくれるのだから、全身全霊でお客さんを見て、どうすれば良いかを考える。ただその繰り返し。そこに自分らしくなんていう自我は必要ない。店の個性は、お客さんが決めてくれるんだ。

私には、自分がない。そんな人間に気をかけてくれる人がいることが何より嬉しいのだ。だから、自分に出来ることを全力で嘘をつかず、言い訳をせずに向き合いたい。私には、それしか出来ない。私は、あなたに届けたいのだよ。

人は強くもないし、綺麗なだけじゃないから愛おしい

自分の生き方は自分で決める。良く聞く言葉である。私もそう思う。だけど、良く言われていることと、私が思う内容は、全く違うような気がしている。私の思う、自分の生き方を自分で決めるというのは、自身のことではなく自分以外を考えることから始まる。要は、自分は空っぽだってことだ。

人には皆自分のルールがある。しかし、全員が我を通せば世界は破滅に向かうだろう。だから、少しずつ譲歩して妥協点を見付ける。最善の策を探すのではなく、皆が何となく納得いく落としどころを見付けることこそが重要なんじゃないのかなあ。だって、正義だけの人はいないはずだから。誰しも邪悪なところもあるし、間違うし、人を傷付けることもある。意識的にしろ、無意識にしろ、あるってことを前提に考えないといけない。

同じように、良いところだってある、皆にある。だから、進化や効率ばかりを良しとするのではなく、大体こんなところでどうでしょうと、妥協し合える世界になれば良いなと思う。人はそんなに強くもないし、綺麗なだけじゃない。だから愛おしい。

妻の淹れるコーヒー

店で妻がコーヒーを淹れるようになった。真面目な彼女は、美味しく淹れられないと、家でも何度も何度もコーヒーを淹れる。納得のいくコーヒーが中々淹れられないようで、色々と訊いてくる。とは言え、誰にも習ったことがなく、ずっと我流で淹れてきた私は、どうやったらこういう味になるということを上手く伝えることが出来ない。

出来ないから、美味しいコーヒーを淹れるためにはどうすれば良いかを、真剣に考えるようになった。妻のおかげでコーヒーのことが少しだけ分かったような気がする。人に教えることは、誰かに教えて貰うよりもずっと自分の身になる。教えることは、教えられることだ。

しかし、やっぱり数には敵わない。毎日、真剣に練習を繰り返す妻の淹れるコーヒーの方が、私が淹れたコーヒーより明らかに美味しくなった。真面目であること、それより強いものは他にはない。

お金にならないことばかり

「色々なことやってますね」と良く言われる。「そうなんです。思い付くこと、お金にならないことばかりなんです」と答える。やりたいことをやりたいようにやると、お金は儲からない。いや、むしろ赤字になることばかり。でも、それで良いんだと思う。

コーヒーが一番に好きなことじゃなかったから、仕事として徹することが出来た。それが背骨になり、コーヒー以外のことが出来る環境が整った。だから、色々なことをやれているんだ。

順番を間違えない方が良い。色々なことをやっていればどうにかなる、じゃないよ。全くの反対。一つのことをトコトンやって、それで食えるようになったら、好きなことをやれば良い。圧倒的な才能がある人は、最初から好きなことをやり続ければ良い。

それにしても、何でお金にならないことばかりやってしまうのだろう。妻の視線が冷たい、今日この頃である。

コロンビア

ブレンドが好きだ。だから、お勧めを訊かれるとブレンドと答える。だけどストレートが好きな方も多い。エチオピアやマンデリンは個性が強いから、好んで飲み続けてくれるお客さんが多い。

コロンビアが良く売れるようになった。これと言って特徴のないコーヒーなんだけれど、ストレートの中で一番好きなコーヒーなので、とても嬉しい。

焙煎の練習は、ずっとコロンビアでしていた。高地で採れるコーヒーなので、生豆は硬く、中心まで火を入れるのが難しい。青臭くてエグミが多く、後味が悪いコーヒーばかり作って落ち込んでは、お腹が痛くなっていた。どうやっても美味しくなるイメージが出来なかったあの頃。でもその頃の苦悩があったから、今があるんだ。「明けない夜はないんだよ、庄野君」と、スランプになった時に自分に言えるのも、コロンビアのおかげである。

何てことはない優しいコーヒー、コロンビアが私は好きだ。

何故文章を書いているのでしょうか

「何故文章を書いているのでしょうか」とたまに訊かれる。そこにはきっと、コーヒー屋なのにという、不思議な感覚があるのだと思う。せめてコーヒーのことを書いているのならまだしも、コーヒーのことは殆ど書かないから、そう思われても仕方がない。

理由は簡単、私は音楽も絵も苦手、いや、全然出来ないからだ。でも文章なら書ける、上手い下手は別として。そして重要なのは、別段上手い文章など書く必要がないということ。文章で生業を立てている訳ではないのだから、上手い文章より、自分が書きたいことを書けば良いのだ。

だけど、一つだけ気を付けていることがある。本当のことを書くこと、それだけ。こうした方が面白いかもと思って、事実を曲げたりすると、途端につまらなくなる。もしそんな才能があるのなら、物語を書いて暮らしていけるもの。才能がないから本当のことを書く。上手く書けないから、自分が読みたい文章を書く。最近小説を書いているのもそう、自分の読みたいものを書いている。歌が歌えるのなら歌っていたい、絵が描けるのなら絵を描いていたい。そういう訳で、私は今日も何かを書いている。

やらなくても良い

やりたければやれば良い、とは言わないようにしている。アアルトコーヒーはたまたま今のところ潰れずに何とかやっているけれど、失敗してしまった人たちを沢山見てきた。

やらなくても良いんだよ。やらなくて後悔するのならやって後悔する方が良い、なんて言う人もいるけれど、やって失敗してからの後悔は、やはりしんどい。あまり人の言葉に振り回されない方が良い。自分のことは自分で決めれば良いのだ。何かを始めようとする時には、いつも自分にこう言っている。

始めたものもあるし、やめたものもある。でも人が知ることが出来るのは、成功か失敗したものだけだ。その前に消えてしまったものは、見ることは出来ないのだよ。

小さな翼しかないのなら

大手ハンバーガーチェーンが、五日間コーヒーを無料で提供するらしい。コンビニに行けば百円で美味しいコーヒーを飲むことが出来る。コーヒーが好きな人には、とても良い社会になった。でも、これらのことを否定的に捉えるコーヒー屋が多いと聞いた。大きな資本がコーヒーを広めてくれて、コーヒーを飲む人を増やしてくれるのだから、こんなありがたいことはない。そう言うと「ちょっと売れてるから、余裕だね」と言われた。いや、そうじゃない。コーヒーを飲む人が増えることが大切だと思う。大手が大きなお金と広告でコーヒーの裾野を広げてくれるから、小さなコーヒー屋にも足を運んで貰えると思うんだ。

コーヒー愛好家しか来ないのでは、コーヒーで生活をしていくことは中々難しい。気軽に、毎日コーヒーを楽しんでくれる人のために、自分の技術を上げていけば良い。そうすれば、きっと沢山の人たちがコーヒーを買いに来てくれる。小さな翼しかないのなら、大きな翼に乗っかって、上空まで連れていって貰おうぜ。

沢山失くして軽くなった

よく夢を見るようになった。あまりハッピーじゃないものばかりだけど。でも、それが嬉しかったりする。開業以来、夢を見る余裕もない毎日だったから。忙しいという意味ではなく、ただ精神が追い込まれていただけ。

ここ何年かで、色々なものを失くしてきた。ネガティブに聞こえるかもしれないけれど、そうじゃない。これまで沢山のものを抱え過ぎていたんだ。理想の自分とか、正義とか、こだわりとか、全部なくなったらとても楽になった。今は家族が笑っていてくれたら、何だって良い。

これからは、見たものを見たまま感じる人でありたい。ずっと世界を疑って見てきたから、良い加減、素直にそのままを受け入れても良いよね。

両輪があるから走り続けられるんだ

目先のお金のために何かをやることが苦手だ。格好付けて言っている訳ではなく、やったことが残るのが怖いのだ。その点、コーヒーは良い。形として残らないから。形の残るものは怖い。怖いくせに文を書き、本を出す。矛盾していると分かっているが、それでも私は本が好きなんだ。本当はいつだってビクビクしている、叩かれるんじゃないかと。本はコーヒーのように消えてなくならないから。

でも、よくよく考えたら、形がなくなるコーヒーの方が怖いのかもしれない。美味しかったよと言われても、その時のコーヒーと全く同じものは再現出来ない。記憶の中で美化され、その幻想に追いつくことが出来なくなるかもしれない。それじゃあ、どっちも大変じゃないか。

コーヒーと本をやっているのは、全く反対のものだからかもしれない。知らない間に、自分自身のバランスを取っていたのだ。きっと、どちらも続けていくことだろう。それが私の両輪だから。

間違ったら心から謝れば良い

誰だって間違いたくない。でも、間違えずに生きていける人などいない。政治家だって先生だって親だって、私もあなたも、皆間違う。だから、人は神という概念を作ったのだと思う。

間違ったら、心から謝れば良い。挑戦しない限り、間違うことはない。しかし、間違うことを恐れて挑戦しないのは本末転倒だ。

本気で挑戦して、失敗したり間違ったりした人に寛容でありたい。こんなに間違ってばかりの私が、こうして何とか生活出来ているのは、周りの人たちが許してくれたからだ。今度は、私の番。

誰だって誰かに認められたいんだ

誰にも認められなかった。妻と結婚して、初めて自分で良いんだと思った。だけど、会社員でいる自分と、本来の自分の乖離に悶々としていた。自分はもっと出来る。そう、何もやっていないもの特有の、根拠のない自信。そりゃ、誰も認めてくれないよ。

コーヒーロースターになった。コーヒーマニアや有名なコーヒーロースターに認められたかった。でも、そういう人からは見向きもされなかった。だけど気が付くと、いつもコーヒー豆を買いに来てくれるお客さんが沢山いた。私が作るコーヒーは、自分のままで良いんだと分かった。

人は誰でも、人に認められたいんだ。自己承認欲求は皆にある。私のコーヒーを好きだと言ってくれる人に認められるために、私はコーヒーを焙煎している。

好きなものにお金を使う

カフェをやりたいのならカフェに行こう、沢山。音楽で食いたいのならCDやレコードを買おう、沢山。イベントをやりたいのならイベントに行こう、沢山。本を出したいのなら本を買おう、兎に角沢山。

賢いつもりでいるのかもしれないけれど、それでは駄目だ。賢いやつは馬鹿には勝てない。勝ち負けの問題ではないと言うのなら、自分の場所を見付ける努力をしよう、死ぬ気で考えて。それは、競争や勝負の世界より厳しいんだ。何故なら、競う相手がいないのだから。共に切磋琢磨して互いに伸びていくなんていう夢物語のない、シビアな世界。自分の醜いところや弱いところと、どっぷり対峙することになる。

好きなものにお金を使おう。そのために働こう。そうしているうちに、きっと何者かになっている。

ずっと途中でいたい

場数を踏んで慣れてくると、時間を短縮して同じことが出来るようになる。同じことをずっとやり続けているとそうなる。でも、それは成長や進化とは言わない。ただ、ずっと同じことをやり続けているのだから、結果そうなったというだけのこと。それを否定しているんじゃない。だって、成長や進化が良いなんて思っていないから。それらも結果、そう見えるだけのこと。そうなるようにと意識して、成長や進化など出来るはずがない。そんなに簡単なものなら、余計に必要がないように思う。

考える時間、同じことを繰り返す時間、何度も失敗をすること。そんなことをしているうちに、人生が終われば良いな。私はずっと、途中でいたい。

フリーランスで生きていくために

一度は結果を出さなければいけないような気がする。何か一つ、その仕事で食べていけるというものを作ること。それは簡単なようで、とても難しい。食べられるようになるまでには、すごく時間がかかるのだ。

会社員で給料を貰いながら技術を身に付けて、その仕事で独立するというのが、一番失敗しにくいだろう。好きだとか、向いているだとかは、あまり重要でないように思う。その技術で食べられるようになったら、いくつも道が見えてくる。どの道を選んでも必ず一度は後悔するし、この道で良かったと思ったりもする。選べる道はどんどん多くなる。判断の連続で、次第に失敗する確率は少なくなっていくが、絶対に失敗しないということは、いつまで経っても絶対にない。

フリーランスが良い訳でも、悪い訳でもない。気楽な部分もあるし、厳しい部分もある。どちらにしても、運とセンスだけでは長くは続かない。確かな技術を持たないとね。そのために、私はひたすらコーヒーを焙煎している。十五年経って、やっと少しは飲めるものになった。

規模を大きくしないための方法

大きくすることを目標にして起業する人が多い。私は会社員でいることが限界で自営業を始めたから、家族が生活出来れば何でも良かった。コーヒー屋になって、食べられるようになるために何でもやった。そしてある日、思った。このままやっていくと、どんどん大きくなるんじゃないのかと。組織が嫌でそこから逃げ出したのだから、大きくなったアアルトコーヒーを運営している絵が全く描けなかった。

大きくしない、そして小さくもしないためにはどうすれば良いか。毎日真剣に考えた末に、私がやったのは単純なことばかりだった。大きな仕事は受けない、自分をさらけ出す、嘘をつかない。

その結果、毎年少しずつ売り上げは上がっているが、原料の生豆が高騰しても販売価格を一度も上げていないため、利益は全く増えていない。しかし、私のストレスは確実に減っている。規模を大きくしないことが、長続きの秘訣という私のような人もいるが、それが正解とも思わない。ただ、自分に合ったリズムで生きていきたい。

敬意を持つ

自分を強く持っている人は、人を見くびる。かつての自分がそうだった。自営業になり、自信が木っ端微塵に砕ける度に、自分は何にも出来ないことに気付いた。何もやっていなければ、自信を失うこともない。

お店を始めて、色々な人に敬意を持てるようになった。一秒でも長く生きているだけで、その人はこんな世知辛い世の中で長年頑張っているんだなあと思えるし、ずっと年下でも何かをやり続けている人は、それだけで凄いなあと思える。人を見下すよりも見上げている方が、気分が良い。見上げていたら、たまに真っ青な空や、綺麗な月も見えたりするしね。

敬意を持つ。先人や友人、知人、もちろん妻にも子供たちにも。傲慢な自分が出てこないように、いつもそう心掛けていよう。私の幸せは、自分に関わる人たちが幸せでいることなんだ。

それが全力疾走かい

一度も全力を出したことがない。いや、それは嘘だ。たった一度だけある。中学生の時、四〇〇メートル走を全力で走った。途中まで一位だったが酸欠になりゴール寸前で倒れ、結果最下位だった。初めて一生懸命やって、上手くいきそうになったのに、結果は最下位。それから、全力で何かをするのをやめた。

何ごとにも全力で向かう妻と一緒になって十七年、全力疾走することに憧れる。結果なんてどうでも良い。全力で走っていることに意味がある。いや、意味なんていらない。今日、全力で走った時の気持ち良さを、ふいに思い出した。今、それが全力か？　気持ち良くないのなら、まだまだ、もっともっと、走れるよ。

なりたいものがないと娘がつぶやく

平等は、同数や同量とは全く違う、と朝食中に言う。鬱陶しいだろうな、こんな父親。中学三年生の娘が、将来なりたいものがないと言う。受験時期で周りの友達と将来の話をしたり、二つ下の弟が小学校の先生になりたいという明確な目標があるから、きっと焦っているのだろう。まるで、昔の自分を見ているようだ。

私は誰に対しても、何も言わない。訊かれたら真摯に答えるようにはしているけれど、その答えも怪しいものだ。自分というものに全く自信がないのだ。だから、私はこうやってきたとしか言えないし、今こんなことを考えていて、こうしていきたいと言う。そして「あなたはどう?」と訊く。

なりたいものがなくても人は幸せに生きていけるから大丈夫、なんてことを思うけれど、口が裂けても娘には言わない。

小さなことにくよくよしよう

私は、小さなことでくよくよする人間だ。ところで、くよくよって何だろう。変な言葉だな、発音してみると無駄に可愛らしい。

もっと大きな心の持ち主にならなければと思い、くよくよしないように努めたこともあった。けれど、そんなこと考えている時点で自分は小さな人間だなと思った途端、くよくよしていた。この性分はどうやっても変えることは出来ないと割り切って、凄く小さなことでも、全力でくよくよすることにした。

くよくよしているはずなのに、毎晩蒲団に入って数秒、気が付いたらいつの間にか朝を迎えている。そう、よく眠れるんだなあ、どんな時でも。そして、目覚めると大抵のくよくよの原因は忘れてしまっている。繊細なのに、忘れっぽくて雑な性格で本当に良かった。

無理に頑張ったり、明るく振る舞うことはせず、くよくよすれば良い。私は小さなことで、いちいち、くよくよしていこうと思う。

アアルトコーヒーの終わり

看板もないような店だけど、近くの小学校の「町の名人を探そう」という課外授業で、アアルトコーヒーを取材したいと希望してくれた児童が何人かいた。名人じゃないので取材を受けるのはこそばゆいけれど、コーヒーを焙煎するという仕事があるのを知っている子供たちがいることがとても嬉しかった。そんな仕事があること、私は小学生の頃、全然知らなかったもんな。

我が家の子供たちは、私の仕事をどう思っているのだろう。二人とも全く興味がないみたいだが、それは良いことだと思っている。私が勝手に始めたコーヒー屋だから、継いで欲しいとは思わない。コーヒーが好きで好きでコーヒー屋になった訳じゃないから、必要とされなくなったら辞める。それは、最初から決めていること。アアルトコーヒーは、私と妻で終わり。彼女彼らの人生、自分たちの思うままに生きて欲しい。

理由はいらない

開業前、どこにでもコーヒーがあるのにコーヒー屋で食っていけると思っているの、と沢山の人に言われた。確かにそうだ。全く美味しくないコーヒーを手に、供給過多の世界に突撃したのだ。ドン・キホーテだって、苦笑するに違いない。

どうしてやっていけてるの、と訊かれると謙遜ではなく、ただ運が良かっただけ、と心から答えている。次の人生があるのなら絶対にコーヒーロースターは選びません、とも付け加えている。

コーヒーロースターを選んだ理由を、それらしく言うことがあるが、全ては後付け。本当の理由は何もない。ただ、コーヒーロースターになり、今もまだコーヒーロースターであるというだけで、この先のことは自分でも分からない。

必要とされているうちは続け、必要とされなくなったら辞める。これも理由ではなくて、ただの後付けでしかない。大切なことは、いつだって後になってから初めて分かるもの。だから、最初に理由なんかいらない。

やっと仕事が面白くなってきた

何ごとにも夢中になったことがなく、人並みに出来るようになると、つまらなくなってやめてしまう私が、コーヒーの焙煎だけは十五年も続いている。人並みに出来るようになるのと、自分の思い通りに（例えそれが幻想だとしても）出来るようになるのは、全く違うものなのだと、十五年経ってようやく分かった。

出来ないから面白くない、面白くないからやめてしまう。でも、長くやらなければ、技術を得ることは出来ないんだ。そして、技術がないと面白くない。若き日の一瞬のセンスは永遠には続かない。しかし技術は裏切らない。

パンクが好きだ。刹那にキラキラ光って消えるから。でも、残っている人は技術がある人たち。そこを見失わないようにしないといけない。趣味と仕事は違うのだから。

コーヒーの焙煎を始めてもう十五年、いや、まだ十五年、やっと、本当にやっと仕事が面白くなってきた。

大切なことは自分で決めなくて良い

大切なことは自分で決めなくても良い。完全に主観だが、自分で全部決める人は、そんなにチャーミングじゃないないと思う。人から押し付けられるものには、自分が入ってないように見えて、逆に冷静に見られているから、本質的なものが鮮明に出ているように思う。

思いが強い人ほど、実際にその世界に入ると、自分の思い描く理想との違いで、すぐにいなくなってしまう。それはギャップがあったのではなく、自分が何にも出来ないことを受け入れられないだけなんだ。

今やるべきことを一生懸命していれば、誰かが気付いてくれて、喜んでくれる。それが小さな自信となる。それからでも良いんじゃないのかな、自分の人生を自分で決めるのは。

分からないものを私にください

分からないものを読みたい。新しい小説が読めなくなっているのは、親切過ぎるからだ。あらゆることを仔細に説明してくれる。小説だけじゃない、殆どのものがそうだ。シンプルであるということは、簡単だという訳ではない。複雑に絡み合っているから、シンプルに見える場合もある。

一見して分からないものを欲している。何がそこにあるのか、行ったり来たりしながら考える。そのために本を読む。故に、今は哲学書ばかり読んでいる。全然理解出来ないけれど、言っていることが分からないのではなく、文が曖昧で硬く、読みにくいから意味が分からない。でも、それが楽しい。分からないことが沢山ある、それはとても贅沢なことだと思う。

知らないことが沢山ある、と知る歳になったということ。きっとこれからも増えていくんだろうな。もっともっと、分からないものを私にください。

平らな世界、私は異物

全てが暴かれる世界になった。光が強過ぎる。皆が平等でなければならない。疲弊している、人の心も体も、地球も。発熱がどこまでも上昇していく。光があるところに陰が出来る。美しいと感じるためには、美しくないものが必要だ。全てが理解出来る世界なら、私は緩やかに発狂するだろう。それが幸せなのかもしれない。理性があるから、生き辛いのかもしれない。

世界が平らになっていく。全てが暴かれるから、嘘をつく。人は慣れる。平然と恥ずかしげもなく、嘘がまかり通る。少なくとも私が嘘をつく時は、恥ずかしいし、心の隅っこが痛い。

私のコーヒーを飲むこと、それを楽しみにしてくれる人たちがいる。その人たちのためにコーヒーを焙煎する。それが私のやるべきこと。今朝もコーヒーを焙煎している。世界がどれだけ平らになろうと、知ったことではない。私は、異物でありたい。

目に見えないものが大切だと思っていた

ロマン主義者のように、目に見えないものが大切だと思っていた。だけど君が言った。

「わたしは、見えているあなたが大切だよ」

子供たちに伝えたことがあるんだ

とりあえず権力には無条件で逆らう、そうやって生きてきた。大人になって変わった。違う考えの人たちがいるのは当たり前、それぞれの正義がある。そして、正義は真ではなく狭窄な視界と思考のことだ。多数決の世界が、話し合いを重ね互いに妥協するという知性を奪った。

今の世界は、他者がいない。想像力、それに他者との距離感が大切だと思う。争いからは何も生まれない。進化や進歩はするかもしれないが、それは大切なことなのだろうか。皆が笑っていられたら、不便だろうが面倒だろうが、何も問題ない。違う考えの人たちが、出来るだけ相手に擦り寄ろうとする姿勢、それより大切なものはない。それを子供たちに伝えたい。

三十年後にある仕事、ない仕事

誰かの言葉の積み重ねで、私は出来ている。そこにはきっと、愛や憧れや共感があるように思う。純粋とか無垢というのとは、ちょっと違う。薄汚れていても構わない。だけど、それはとても美しく強い。

誰かの言葉を編集して生まれ出るのが自分の言葉。どこかで聞いたことのある言葉と、古くから変わることのない物語。陳腐であるが、それは悪ではない。正義が善ではないくらいには。

コーヒーロースターになって良かった。売れるコーヒーを作れるようになるまで十年以上かかった。きっと今日より明日のほうが良いコーヒーになるはず。時間がかかる、何ごとも。目先の名誉やお金に囚われず、自由な心でいたい。

スマホゲームの仕事は、三十年後にはないだろう。ゲームはあるだろうけれど、きっと形が変わっていく。だけどうどん屋はある、絶対に。毎日毎日こつこつとうどんを打ち続けたら、三十年後、そのうどんは光り輝いている。

たったの一呼吸

コーヒーの煎り止めは一瞬。たったの一呼吸の違いで、全然違うものになる。何だってそうなんだろうな。たったの一呼吸の違いで、世界は変わる。

後悔？　何故あの時、そんなことを引きずりながらも、今日を生きる。生きる意味など必要ない、ただ生きるのだ。

たったの一呼吸で世界が変わるのなら、きっと未来は素晴らしくなるに違いない。そうだろう？

毎日同じことを繰り返すことの出来る短距離走者

長距離を走るのが苦手、全てのことにおいてそうだ。だけど、同じことを短時間毎日続けることは平気かもしれない。二十四時間ひとつのことに没頭することは出来ない。だけど六時間、それを三百六十五日なら出来る。

熱狂は苦手、平熱での継続は得意。足の遅い短距離走者は熱狂をよそに、自分のペースで走り、自分のリズムで踊り、自分の声で歌うのだ。

熱狂は覚める。平熱は続くよ、いつまでも。

守るということ

守ることと、すがり付くことは違う。だけど、時々間違ってしまう。水門を開かなければ流れない川のように、ずっとそのままでは淀んでしまうかもしれない。綺麗な心でいるためには、流れるということを意識したい。居心地の良い場所にいると、それが長く続くようにと考えてしまう。守るというよりは、結果守られていた、というくらいが良いのかもね。

コーヒー教室の前に大手チェーン店にいく理由

色々な町でコーヒー教室をしている。教室が始まる前に、駅近くにある大手チェーン店に行ってコーヒーを飲むことを習慣にしている。コーヒーにこだわりがないことをアピールしたい訳ではない。普段、家と店から殆ど出ない生活で、自分のコーヒーしか飲まないから、世の中でどんなコーヒーが好まれているのかを知るために寄るようにしている。

大手チェーン店が、あの価格であの品質のコーヒーを提供しているというのは、奇跡的なことだと思う。そこと共存するためには、個人の小さなコーヒーロースターは死に物狂いで努力しなければならない。大手チェーン店に行く度に背筋が伸びる。そうやって、伸びた背筋のまま教室に向かうことを大切にしたい。

好きなもので溢れていく

好きと言われると嬉しい。恥ずかしいけれど嬉しい。嫌いと言われると悲しい。気にしないと思ってもね。だから、好きな人には好きって言おう。好きなものにお金を使い、好きな場所には足繁く通うのだ。

好きなものが増えていく。歳を重ねるというのは、沢山の時間を自分の中に蓄積するということだ。そのうち、体中から好きなものが溢れ出すんじゃないかしら。だから今の私には、嫌いなものなど入る余地がないんだ。

始まり、終わらない

始まりの反対語は、終わりではない。始まりの反対語は、始まらないだ。言葉遊びではなくそう思う。始めたければ始めれば良い。始めたくなければ始める必要はない。どちらにしても、終わりなどない。

自分が死んだ後も世界は続いていく。終わりなどない。前の人から手渡されたバトンを次の人に渡すだけ。だから、世界を変えようなんて思わなくて良い。世界なんて勝手に変わっていくものだから。

エチオピアとマンデリン

エチオピアとマンデリンが高い。生豆がおそろしく高騰している二種。開店した時からずっとメニューが変わらないアアルトコーヒー、販売価格もしぶとく変えていない。様々な要因で生豆の価格は高騰しているが、特にこの二種はびっくりする勢いで上昇している。その上、良い状態のものを手に入れるのは結構大変なのだ。

そのことにお客さんは敏感で、最近エチオピアとマンデリンを良く焙煎している。両方が入っているアイノブレンドも密かに人気だ。良い豆だから値段が高い訳ではないが、やっぱり高いのには理由がある。そして、好きな人はそのことを理解している。

どこまで踏ん張れるか分からないが、この価格で頑張りたいと思っている。綺麗な酸味があって芳しいエチオピア、どっしりとした苦味と甘味のあるマンデリン。どちらも個性的で、万人に受け入れられるコーヒーじゃないけれど、それ故に代わりがない。だからこそ惹き付けられる。人間と一緒、コーヒーは色々な個性があるから面白い。

便利じゃなく、速くもない

子供の頃、四国から本州に渡るには船に乗らなければならなかった。大阪行きの飛行機も飛んでいた。完全に閉ざされた、まさに島だった。

沢山の橋がかかり便利になったことで、町が死んだ。閉ざされているから自分の住む町で生産し消費していた人たちが、開かれてしまったが故に、キラキラ光り輝いているように見えるものに飛び付いてしまった。

国際化という名の元に、こんなになってしまった日本という国と構造は同じ。同じであることの怖さ、便利で速いということの怖さ。村や町が廃れていくのも構造は同じ。キラキラしているように見えるんだ、自分のところ以外のものは。

人は失くしてから気付く、そして悔やむ。これからは出来るだけ、便利じゃないもの、速くないものを意識して過ごしていこう。アアルトコーヒーは、早い、安い、まあまあ上手いがキャッチフレーズだけれど、そこだけは変えないようにしたいと思っている。

焙煎を上達させるには

どうしたら焙煎が上達するか、とたまに訊かれることがある。焙煎が上手くなる方法があるのなら私が教えて欲しいくらいだが、相手も本気な場合が多いので、自分なりの答えを真剣にする。しかし、何だかいつも上手く伝わっていないように思う。

「沢山焙煎して、沢山捨ててください」

ギターの名手は一日中ギターを弾き、王貞治さんは試合終了後も素振りをしていたらしい。コーヒーロースターは沢山コーヒーをローストする、それしかない。殆どの時間は練習で、本番より練習が面白くなってこそのプロフェッショナル。本番が楽しいなんて言っているのはアマチュアだ。

兎に角沢山のコーヒー豆を焙煎して、沢山捨てること。コーヒーの生豆に携わる人たちへの罪悪感を背負って、沢山焙煎する。それを続けていれば、きっと大丈夫。努力の先にしか光は見えないのだから。

子供の育て方なんて分からない

中学生の娘が、スマートフォンが欲しいと言っていることを、妻から聞いていた。学校のテストで○○位以内に入ったら買ってあげるよ、と思い付きで話す私。もので釣るという、きっと教育者から見たら一番駄目なやり方だろうと思いながら、しかも学校のテストなんていうものに何の重きも置いていない私なのに。

中学一年の終わり頃、娘が自分から塾へ行きたいと言い出した。それ以来、休むことなく部活の練習と両立している。きっと今の子供たちには普通のことなんだろうが、何だか凄いなあと思う。父親が酒を飲んでグダグダしている間、勉強しているんだもんな。数日後、約束の順位に入ったと喜んで報告する娘。間違ったやり方だったのかもしれないけれど、彼女の頑張りと笑顔を見ていたら、何も間違っちゃいなかったんだって、そう確信した。私は駄目な人だけど彼女は大丈夫。何だか嬉しくてその晩は飲み過ぎた。

子供の育て方なんて分からない。でも、それで良いと思う。親がなくても子は育つと言うが、本当にその通りだと思う。遠くで、近くで、彼女らの邪魔をしないように生きていこう。

アルヴァーブレンド

毎日アルヴァーブレンドを何回も焙煎している。小さな焙煎機だから、何度も何度も、繰り返しを繰り返す。

どうして大きな焙煎機にしないのと訊かれるのだけど、私はこの焙煎機で始まり終わると決めたんだ。もう体の一部みたいなもの、彼じゃないと私のコーヒー豆は作れない。アルヴァーブレンドは五種の生豆の混合焙煎で、かなりの深煎り。開店当初からあるのだけれど、深煎りブレンドということだけが同じで、内容はかなり変わっている。進化しているとは思わないが、大分自分の思い描くコーヒーに近くなってきた。柔らかな苦味と後味の甘さ、深煎りなのにコーヒー本来の香味が分かるコーヒー。

本当は中深煎りのアアルトブレンドが私の好みの香味なのだけれど、注文をいただくのはアルヴァーブレンドが多い。沢山焙煎するから、上達しているみたいだ。

寒くなってきたこの季節、確かに深煎りコーヒーは嬉しい。今日も明日も明後日も、皆が喜んでくれるのなら、何度だって焙煎するんだ。全く売れなくて毎日お腹を痛くしていた昔の自分、続けてくれてありがとう。

ご機嫌であること

子供は楽しそうで、年配者は不機嫌だ。もちろん個人差はあるけれど、大体そんな感じがする。子供はやがて青年期になると不機嫌になる。もちろん、ならない人もいる。だけど色々な経験を積んで大人になるとご機嫌になる、いやご機嫌であろうとする。何故なら、不機嫌な人には誰も近付きたくないからだ。

いつもニコニコしている人がいる。心の底から偉いなあと感心する。人はいつもご機嫌であるはずがないけれど、不機嫌さを見せない。中々出来ることではない。否定をするのは簡単、だけど自分の意と異なるものを肯定することは難しい。否定より肯定、寛容さは子供にはなく、大人にはあるはずのもの。

全てのものが分断されているような気がする。白か黒か、正義か悪か。そのせいなんじゃないのかなあ、不機嫌な大人が多くなっているのは。大人が不機嫌だと、顔色を窺わないといけない子供たちもご機嫌でいられなくなってしまう。とても罪深いことだ。だから、無理をしてでもご機嫌でいようと思う。良い歳をしているのだから。

手で書く

発送の送り状の住所や名前は手書き、同封する手紙も手書きだ。運送会社には嫌がられているはず（処理が大変らしい。ごめんなさい）なんだけれど、これぱかりは譲れない。手が覚えている、そういうことがある。そして、それはとても重要なことのような気がするんだ。あくまでも、私と妻にとっての些細なことなんだけれど。

丁寧に手で字を書く。自分の速度で、自分の思考で。心がスーッと落ち着く。

情報を食べて、いや、情報に食べられているような現代で、正気を保っているためには、字を手で書くということは大切だと思う。速度は遅いし、疲れる。でも速いことが良い訳ではない。見逃してしまうものの多さや大きさに、案外気付いていないんじゃないかな。

しかしブログは、パソコンで全く推敲もせず、毎日短時間で書いている。こちらは熱情と勢い、そして毎日書くことを意識している。良いものを毎日書こうと思ったら、一日たりとも書けないだろう。要は、使い分けってことかしら。書き出しからはるか遠い内容で締めているあたりが、まさに勢いってやつだよね。

もっと歩こうよ

徒歩で暮らせる町があるにもかかわらず、何故車に乗る生活を選ぶのか。地方都市に住みながらいつも考えていること。公共交通機関は便数も少なく運賃も高い。要は不便で不経済だということらしい。

人口は減る。その上、車の運転の出来ない老人が増える、もしくは老人の運転者が増える。交通事故は格段に増えるだろう、人口が減るのに反比例して。鉄道やバスに乗る人が減るから運賃を上げる。故にさらに乗らなくなり、そして税金を投入する、ガラガラの車両を動かすために。

都会から移住してくる人たちは、何故か自然豊かなところで住みたいと過疎の町や村に集まる。そして不便さを解消するために車に乗る、都会生活では乗らなかった車に。

車に乗る人が増えると、事故が増え、自然を壊し、公共交通機関を死滅させる。歩く人、自転車に乗る人、そんな人たちが暮らせる町を目指すって良いと思うんだけど。日本の大きな産業が自動車だって分かってるよ。だけどね、たぶん大きくなり過ぎたんだ、身の丈以上に。若者の車離れは、本能的に理解しているからだと思うんだ、もうそんな世界じゃないって。

若者たちはいつも正しく、年老いたものは大体間違える。過去の成功体験は過去のもの、これから生きなければならない人は頭じゃなく体全体で考えているんだから。

もっと歩こうよ。非効率でも、ビールでも飲んで、昼からさ。口笛なんか吹いたりして、あら良い風なんて言いながら。

娘と息子へ

可愛げのかけらもない、ひねた嫌な子供だった。そんな私の子供たちは素直で良い子だ。親馬鹿のようだけど、俯瞰してそう思う。素直で正直なんだ。成績が良いことや、運動が出来ることより、素直で真面目というのは何よりの才能だ。

これから色々なことがあるだろうけど、彼女らは大丈夫なような気がする。失敗したり苦しんだりするかもしれないが、決して間違わないだろう。

とうちゃんのようになるなよ。目に映るものを、そのまま見られる、そのままのあなたたちでいてください。

二人で一人

私の手は二本しかない。この手で出来ることの量は決まっている。手を抜くことは出来るかもしれないが、そのことを自分は知っているのだから、全く意味がない。むしろ心に余計な負荷をかけるだけ。嘘と一緒、つかないほうがずっと心が楽でいられる。

大体のことは一人では出来ない。だから、コーヒーは一人でやりたいと思っている。いや、妻がいるから二人だ。アアルトコーヒーは二人で一人。これからもずっとそう。

出来ないことを出来るようにする時間がない。出来ることを全力で伸ばし続けよう。そう、まだまだ伸びる。何だか、どこまでも行けるような気がしている。気分だけかもしれないけど、二人ならまだまだ行けると思うんだ。

だから今日も私はコーヒーを煎るのだ

恐ろしく執着心がない。これがなければいけないってモノもないし、これでなくっちゃってコトもない。大体何でも良いし、ないならないで良い。いつからこんな人になったのだろう。

面倒くさい人間だった。つまらないこだわりに囚われた、鬱陶しい男。するするとほどけて、気付けば何もなくなった。加齢は良い、忘れることが出来るし、執着心がなくなるから。

長生きしたいとも思わない。今夜眠りについたら、もう目覚めないかもしれない。そう思っている。そして、それは諦めとか絶望ではなく、満たされているってことだと気付いた。

何呑気なこと言っているんだ、世界中には大変な人たちがいっぱいいるんだ。分かっている、うん、分かっている。明日、いや一分後、自分がそうなるかもしれない。それは受け入れる、嫌だけど、受け入れる覚悟は出来ている。

戦争には行かない。行かないで殺されるのなら、喜んで殺されよう。いつ終わっても良い、終わるために日々を懸命に生きているのだから。殺す人より、殺される人で終わりたい。

世界中の人たちを幸せにするなんてことは無理だけど、せめて自分に関わる人たちが幸せであるように、頑張るのだ。コーヒーをローストするしか出来ない。だから今日も私はコーヒーを煎るのだ。

解説　最上級の、普通のコーヒー

岩間洋介（moi）

もしも明日死ぬとしたら、あなたが最後に食べたいものは何ですか。そんな質問を目にしたことがある。回答の上位に、焼肉や寿司といった人気メニューが並んでいるのは予想通りと言うべきか。どうせこれが最後の晩餐なら、好物を、あるいは日頃あまり口にすることの出来なかった高級なものをお腹いっぱい食べてやろう、そう考えるのは人情である。そんな中に混じって、おにぎりが堂々ランクインしているのが、僕には面白く感じられた。面白いというのはつまり興味深い、いや、もっと言うと「なるほど、分かる！」ということだ。

自分だったらどうだろう。やはりおにぎりを選ぶかもしれない。もう本当に、これが最後だというのなら、必要以上に刺激的なもの、感情を昂らせるようなものは摂りたくない。普段から慣れ親しんだものを少し食べ、そうして、これまでに起こった出来事や出会った人の顔など思い出しながら、穏やかな心持ちでその時を待ちたい、そう願うだろう。

では同じように、最後に飲みたいものといえば何だろう。こういう時、お酒を挙げる人がきっと多いのだろうなあ。だが、あいにく僕は下戸である。おにぎり的な意味合いでいけば、美味しい水だろうか。それはでも、気取り過ぎているような気もする。となれば、やはりここはコーヒーで決まりだ。

けれども、どんなコーヒーでも良いという訳じゃない。正直、インスタントや缶コーヒーなら他の飲み物の方がマシだ。一滴一滴、丁寧に落とした濃厚なエキスのようなコーヒーをデミタスで。あるいは、搾りたての果汁のような爽やかな酸味のあるコーヒーをマグカップで。それも悪くない。でも、そんな時だからこそ僕が口にしたいのは、普段から親しんでいて、なおかつシンプルで飽きのこない普通の、言うなればおにぎりのようなコーヒーだ。そして、僕にとっては、庄野さんの作るコーヒーこそが、まさにそれに当たる。

例えば、僕の好きなアルヴァーブレンドは、かなり深煎りのコーヒーだが、キレが良いため嫌な苦味が舌の上に張り付いて残ることがない。そのため、普通は少量で満足してしまう深煎りにもかかわらず、このアルヴァーブレンドに限って言えば、二杯、三杯とおかわりする人も珍しくない。水のように、一日に何杯でも飲むことの出来るコーヒー。まさに、普通のコーヒーの理想形といったところ。

しかしながら、そんなふうに普通であることが極めて困難なのが、実はまたコーヒーの世界だったりする。というのも、豆の産地に始まり、乾燥のさせ方から焙煎の度合い、抽出の方法や器具に至るまで、そこには語ろうと思えばいくらでも語れるだけの知識やうんちく、あるいは技術があるからだし、またそれがコーヒーに関わる上での大きな楽しみの一つともいえるからだ。それは、ワインにも匹敵するのではないかと思われるほどである。

けれども、僕が見る限り、アアルトコーヒーの主人である庄野雄治さんは、コーヒーを誰よりも愛する焙煎人でありながら、あえてそうした、こう言って良ければ、本道のコーヒー的な世界から距離を置こうとしているように思える。時には、闘っているような印象さえある。その底にあるのは、生まれ育った徳島という一地方都市で、今も家族とともに暮らす庄野さんの生活者としての思いなのではないか。

「もっと沢山の人たちにコーヒーを好きになって欲しい」そう庄野さんが言う時、そこには長いこと一消費者としてコーヒーに親しんできた人ならではの視点が深く浸透しているように思われる。実際、コーヒーロースターとして庄野さんが貫いている姿勢はとても分かり易いものだ。良い豆を適正に焙煎して、新鮮なうちに適正価格で販売すること。値段が高ければ毎日は飲んで貰えないし、美味しいと感じなければ当然リピートはして貰えない、そのことを誰よりも良く知っているのは、庄野さん自身なのである。

今回、改めてこの本を読み返してみたのだが、そこに僕はいくつかの秘密を発見した。アアルトコーヒーを、アアルトコーヒーたらしめている秘密。そのどれもが庄野さんのキャラクターにまつわるものであり、毎日飲んでも飽きることのない、おにぎりのようなコーヒーは、まさに庄野さんの人柄があってこそのものなのだと腑に落ちた。

例えば、時計を持っていないという話。独立してからならともかく、会社員、しかも旅行代理店で営業をしていた当時からだというのだから筋金入りである。しかし、そんな庄野さんも、さすがにコーヒー豆の焙煎を始めた頃にはストップウォッチを片手に、こまめにデータを取りながら試行錯誤していたという。にもかかわらず、中々思ったような味にならない。そんなある日のこと、庄野さんは、記録することに熱中するあまり肝心な豆の状態に目を配ることが出来ていなかったことに気付く。記録は、豆が伝えようとする情報、刻々と変化する豆の色を目で見て、はぜる音を耳で聞くことが出来て初めて意味を持つ。こうして、庄野さんは次のようなルールを導き出す。「大切なものから目を離さないこと。ただそれだけ」。

以前、庄野さんにイベントでコーヒーを淹れて貰った時のことだ。湯の温度はおろか、豆の量さえ目分量なのに驚かされた。確かに、この豆ならこれくらいで何グラム、このくらい寝かせたお湯で淹れればこういう味になるというのは、経験を積めばある程度分かるものだ。だが、温度計や秤を使うことに慣れてしまうと、量らないと不安になるし、量ったら量ったで、それで満足してそこで思考停止してしまいがちだ。だが、これは不味い。何故なら、焙煎された豆の状態は常に全く同じという訳ではないし、味覚は気候やその時の体調によっても左右されるものだからである。数字に全幅の信頼を寄せる前に、まずは自分の感覚を磨き、それを信じることの方が肝要だ。

庄野さんが開催するコーヒー教室もまた、かなりユニークだ。参加者は、普段自宅で使っている器具を持参することになっているため、テーブルには台形やら円錐形やら、様々なドリッパーや道具が並び、中には大事そうにケメックスを抱えた人まで現れて、中々異様な光景と化す。しかし、これもまた庄野さんの普通へのこだわりなのである。家でコーヒーを淹れるのなら、自分の好きな道具、愛着のある器具を使った方が断然楽しい。まずは、その道具を使って自分の好みの味を引き出すコツを覚えてほしい。講習会というよりは、その雰囲気はむしろ夏休み子供科学教室といった方が近い。ガチャガチャとして楽しいひと時だ。

また、アアルトコーヒーといえば徳島である。ここ数年、(本人はそんなことないと言うが)週末の度に西へ東へ飛び回っていることを思うと、余計なお世話とはいえ、もうちょっと都会へ拠点を移した方が便利なのではないかと思ったりするのだが、一向にそんな気はないようだ。マイナーな土地にあるからこそ、かえって周囲から「未知の強豪」扱いして貰えるなんて冗談まじりに言っているが、本当のところは、美味しいコーヒーを楽しむのに都会も田舎も関係ない、どこに暮らしていようと同じように楽しめることを、身をもって実践することで主張したいのではないか、僕はそう思っている。

随分前になるが、庄野さんがコーヒーを淹れるのにメリタのドリッパーを使っているのを見て、その理由を尋ねたことがあった。かつてコーヒーのドリッパーといえばメリタ、あるいはカリタという時代もあったが、その頃はペーパーフィルターならコーノの円錐形、さもなくばフレンチプレスなどを使う人が多くなってきている時期だったから、メリタを使うことに特別なこだわりがあるのだろうと考えたのだ。ところが庄野さんの返答は、メリタなら地方のスーパーマーケットでも簡単に器具やペーパーが買えるからという、僕からすれば予想外のものだった。嗜好品ではなく日々の楽しみとしてのコーヒー。道具一つをとっても、庄野さんの思い描くコーヒーに対する姿勢はぶれることを知らない。

ところで、SNSの投稿から察するに、庄野さんはコーヒーよりも遥かにお酒を飲んでいる。大体、コーヒー二割に対してお酒八割といった割合なのではないか。そして、そこに音楽（主にロック）、読書（特に推理小説）、プロレス、ヤクルトスワローズを加えれば、庄野雄治という人の大まかな全体像が完成するだろう。

そんな庄野さんが、独立する前に自ら掲げたという課題の一つにこんなものがある。

「自分の好きなことだけをする」。

そういえば、庄野さんと僕との間で、コーヒーの話をした記憶は殆どない。大概は、今お勧めのミステリは？といった調子だ。エスカレートして、ついには二人でミステリの読書会まで開いてしまった。課題本は庄野さんに決めて貰った。赤川次郎。それを見て、思わず僕はつぶやかずにいられなかった。今さら次郎かよ。こうして、焙煎人とカフェ店主が、参加してくれたお客さんとともにひたすら赤川次郎の話をするという謎のイベントが実現した。もちろんコーヒーの話は一切なし。ただ一つ言えるのは、それもまたコーヒーが僕らを引き合わせ、繋いでくれたからこその新しい世界だということ。

およそ十二年間に渡って、僕は庄野さんのコーヒーをお客さんのために淹れてきた。庄野さんのコーヒーを数多くドリップした人間としては、恐らく全国で三本の指に入るのではないか。そんな僕が言うのだから間違いない。

庄野さんの作るコーヒーは、普通のコーヒーである。でも、それはただの普通じゃない。最上級の、普通のコーヒーなのである。

本書は二〇一〇年六月に小社より刊行した『たぶん彼女は豆を挽く』に、書き下ろしの原稿を加えて、再編集したものである。

融合しないブレンド

庄野雄治

妻子がありながら36歳で会社を辞めてコーヒーロースターになった凡人が、焙煎しながら真剣に考えたこと。混沌とした現代を楽しく豊かに生きるため、あたたかな筆致で綴りました。ここには融合はないけれど、分断もない。

コーヒーと短編

庄野雄治・編

近代小説にも造詣の深い庄野雄治が、コーヒーに良く合うすこぶる面白い短編小説を厳選した人気シリーズ第3弾。カバーモデルにシンガーソングライター安藤裕子を起用。そして安藤裕子書き下ろし短編小説「謀られた猿」も収録。

庄野雄治（しょうの・ゆうじ）
コーヒー焙煎人。一九六九年徳島県生まれ。大学卒業後、旅行会社に勤務。二〇〇四年に焙煎機を購入しコーヒーの焙煎を始める。二〇〇六年徳島市内にアアルトコーヒーを、二〇一六年同じく徳島市内に14gを開店。主な著書に『融合しないブレンド』『誰もいない場所を探している』『コーヒーの絵本』（平澤まりことの共著）、編書に『コーヒーと小説』『コーヒーと随筆』『コーヒーと短編』がある。

イラストレーション　佐々木美穂
編集・デザイン・写真　藤原康二
協力　赤木真弓、岩﨑朋子、岩間洋介、
長谷川ちえ、堀井和子

たぶん彼女は豆を挽く

二〇一九年七月七日　第一刷
二〇二三年三月三一日　第三刷

著者　庄野雄治
発行者　藤原康二
発行所　mille books（ミルブックス）
〒一六六―〇〇一六
東京都杉並区成田西一―二一―三七　#二〇一
電話　〇三―三三一一―三五〇三

発売　株式会社サンクチュアリ・パブリッシング
（サンクチュアリ出版）
〒一一三―〇〇二三
東京都文京区向丘二―一四―九
電話　〇三―五八三四―二五〇七

印刷製本　シナノ書籍印刷株式会社

Printed in Japan　ISBN978-4-902744-96-5 C0077